江田憲治・中村勝己・森田成也［著］

世界史から見た ロシア革命

世界を揺るがした一〇〇年間

柘植書房新社

世界史から見たロシア革命

世界を揺るがした一〇〇年間

目次

本書の出版にあたって

二〇一七年一一月四日、東京の亀戸文化センターにおいて、一九一七年のロシア革命勃発から一〇〇年を記念し、トロツキー研究所とアジア連帯講座との共催で「世界を揺るがした一〇〇年間——世界史から見たロシア革命」というシンポジウムが開催された。

当日の参加者はちょうど八〇名で、アジア連帯講座の稲垣豊氏による司会でシンポが行なわれた。最初にトロツキー研究所を代表して山本大氏による開会のあいさつが行なわれ、それに続いて、森田成也氏、中村勝己氏、江田憲治氏の三人の基調報告者による報告と、湯川順夫氏と長堀祐造氏の二人のコメンテーターによるコメントがなされた。休憩を挟んで、会場の参加者を交えた活発な質疑応答が行なわれた後、報告者によるまとめの発言がなされた。最後に、アジア連帯講座を代表して国富建治氏による閉会のあいさつが行なわれ、無事、シンポの幕が下りた。

同シンポジウムは非常に好評を博し、ぜひ書籍にして記録に残してほしいとの要望が各方面から寄せられた。そこでこのたび、開会あいさつ、各報告者の報告、各コメンテーターの発言、閉会あいさつをまとめて一冊にすることにした。今回、各報告とコメントを収録するに当たって、時間の関係上、当日は十分に言えなかったことも、各報告者ないしコメンテーターに存分に盛り込んでもらうことにした。したがって、本書に収録されている報告と発言は、必ずしも当日の発言そのものではないことを最初にお断りしておく。

二〇一七年にはこの日本でも多くのシンポジウムや講演会などが企画されたが、その多くは、ロシア革命の世界史的意義を十分に評価したものであるとは言いがたいものだった。むしろ、ロシア革命否定の世界的流れに沿ったものが多かった。本シンポジウムの基本的スタンスはそのようなものとは一線を画す。世界資本主義がますますその暴力的相貌を明らかにしている今日、ロシア革命の世界史的意義を改めて見直し、その生きた教訓を汲みつくすことは、二一世紀に生きるわれわれの義務であると考える。本書がその一助になれば幸いである。

二〇一八年三月八日（国際ウイメンズデーにして二月革命開始の日）

ロシア革命一〇〇周年記念シンポジウム実行委員会

開会のあいさつ

山本大（トロツキー研究所）

ロシア革命一〇〇周年記念シンポジウムにお集まりのみなさん、集会の主催者の一人として開会の挨拶を述べさせていただきます。

本日のテーマは「世界史から見たロシア革命」です。一九一七年一〇月、世界で最初のプロレタリア革命が、第一次世界大戦というこれまた最初の帝国主義世界戦争の真っ只中で勃発しました。そして、革命は当時の先進国であったイギリスでもフランスでもドイツでもなく、領土的には大国でありましたが、資本主義としては後発国であり後進国でもあったロシアで起こったのです。それから一〇〇年、革命ロシアによって生まれたソ連邦はすでに存在していません。一九八九年のベルリンの壁崩壊に始まった東欧民主革命は、ソ連の影響下にあった東ヨーロッパ全体に及び、それはソ連本国にも及んで、ついに一九九一年末にソ連も解体するにいたりました。こうした一連の事態から、いわゆる社会主義の歴史は一党独裁の負の歴史であるとして否定的にとらえる見方が主流になっているように思われます。ヒトラーやムッソリーニの全体主義とスターリンによる独裁とを同列に並べて「左右の全体主義」として歴史の闇に葬ろうという流れも存在します。私たちが本日開催するシンポジウムは、昨今のこうした流れに抗したものであることは言をまちません。また、ロシア革命とその後の歩み全体を賛美して、肯定的にのみ総括しようとするものとも無縁です。

ロシア革命は当初から、当時の帝国主義資本主義勢力からだけでなく、いわば味方であったはずの社会民主主義グループからも冷ややかな視線で見られました。社会主義革命は、後進的なロシアではなく、十分に資本主義としても民主主義としても成熟したイギリスやフランス、ドイツでまず実行されるべきであると考えられていたからです。レーニンやトロツキーはこれに対して、革命は資本主義の最も弱い環で起こると反論しました。ロシアは当時、絶対主義的な君主制の支配下にありながら、資本主義が上から移植され、すでに工業が大規模に発展して、強力な労働者階級が形成されていたからです。革命はまず、資本主義の最も弱い環であるロシアで起こり、それが西方のヨーロッパに波及していくのだと、両名は考えました。

実際にその後のプロセスを見れば、レーニン、トロツキーの展望の方が正しかったと言えるでしょう。ロシア革命に続く多くの革命は失敗に終わったとはいえ、革命のインパクトはロシアからその西方であるドイツやイタリアに波及し、さらにロシアの東方である中国などにも波及していったからです。

本日のシンポジウムは、こうした、世界初のプロレタリア社会主義革命であり永続革命として遂行されたロシア革命を、世界史の中で検証していきたいと考えて企画されました。そこでまず、ロシア革命の世界史的な性格とその意義について森田成也さんから報告をしていただきます。そして、ヨーロッパから見たロシア革命について中村勝己さんから、さらに中国革命をロシア革命の延長線上に捉える試みについて江田憲治さんから報告をしていただきます。以上の報告に対して、湯川順夫さんと長堀祐造さんからそれぞれコメントをしていただいた上で、全体で議論をしていきたいと考えます。

冷戦の終結とソ連の崩壊によって、それは民主主義と自由主義経済の勝利である「歴史の終わり」を意味するというフランシス・フクヤマの言が一時力を得た時期がありました。しかしそうした状況は長続きせず、一九九七年の世界通貨危機や二〇〇八年のリーマンショックをはじめ、すでに投機資本主義と化していた今日の資本主義の深刻な矛盾が露わになっています。一強で一極集中と言われたアメリカの力にも明らかな翳りが見えます。その中で明らかにナショナリズム的な動きが世界を覆ってきています。ヨーロッパにおける極右政党の台頭（もっとも日本の自民党はとっくに極右政党化していますが）が、それを物語っています。グローバリゼーションの中で、かつての独占資本だけでなく、新興のブルジョアジーであるＩＴ実業家や投資家、投機家たちは自己の利益をむき出しに確保しようと躍起になっています。所得格差はかつてないほどに拡大し、一パーセントの超富裕層と九九パーセントの貧困層に分裂する世界が姿を現わしています。これに対して、一九九九年のシアトルでのＷＴＯ反対運動をはじめとして、反グローバリズムの運動が世界各地で台頭しはじめ、それらは支配層が無視できないほどの力を持って来ています。また従来の環境保護の運動に加えて、性差別やＬＧＢＴ差別や人種差別に反対する運動なども、かつてないほどの盛り上がりを見せてきています。日本でも反原発運動、安保法制や共謀罪に反対する運動は、これまでの運動とは明らかに異なる広がりと多様性を持って展開されました。本日のシンポジウムではそうした流れに言及することはないでしょうが、ロシア革命がそうした問題の一部への解決策をすでに最初に提起していることに気づかれると思います。

本シンポジウムは、約五ヵ月前に本日の共催団体のメンバーが集まって実行委員会を結成して企画を立て、何度も会議を重ねて開催に至りました。その中で若い人たちが大いに力を発揮し、こうして本日のシンポジウムが実現したことを申し添えておきます。それでは、これからシンポジウムを始めていきたいと思います。

報告1

世界革命としてのロシア革命

ーヨーロッパ、ロシア、アジア

森田成也

トロツキー研究所の森田と言います。本日はよろしくお願いします。今日の私の話は、「世界革命としてのロシア革命」をテーマとしています。今日のシンポジウム全体が「世界史の中のロシア革命」ということですから、はじめにその全体像をお話しするというのが私の役割ということになります。

はじめに──基本的視座

まずもってロシア革命をロシア一国の革命としては捉えないというのが基本的視座です。もちろん「ロシア革命」というようにロシアという国が中心になっているわけですけれども、しかしこれは第一次世界大戦をはじめ世界的な激動の一環としてとらえるべきであって、それがロシアという大国で最も劇的で先鋭な形態をとり、それが最終的に革命の勝利という形で結実したということです。同時に、それが勝利したことによって、それが新たな起点となって今度は世界中にその革命的影響が広がっていったわけですから、そういう点からもこれは世界的な革命であったと言うことができます。

それは世界史における一大転換点となり、その後の世界史を大きく規定する要因となりました。それまでは西欧帝国主義が世界を支配する一元的世界だったわけですが、ロシア革命の勝利とソ連の成立によって、世界全体が複合的な基軸を持つ非一元的世界に転じたわけです。その後、七〇年以上経ってソ連・東欧が崩壊したことによって、ロシア革命の勝利とソ連の成立は世界史の一時的な逸脱であって、ソ連崩壊で世界は自由主義（欧米帝国主義）を中心とする本来の一元的世界に戻ったという見方がはびこるようになりましたが、そういう風には私は捉えません。

単なる必然史観に立つわけではないが、単なる逸脱であるとも捉えない。必然的な側面もあれば、偶然的な側面もあり、客観的に条件づけられた側面もあれば、主体的な諸実践や諸決意が事態を大きくかつ持続的に左右した側面もある、そういう複雑な諸契機の絡み合いがロシア革命であり、その後のソ連の歴史であったと考えます。

ロシア革命というのは、今日の冒頭のあいさつの中にもありましたように、一個の永続革命として実現されたわけですが、それは同時に世界革命としての面もありました。そういうものとしてのロシア革命を正確にとらえるためには、世界史的文脈にロシア革命を位置づける必要があり、そういう視点から本日の報告の具体的な中身に入りたいと思います。

1、ロシア革命の成立条件の国際的文脈

まず、ロシア革命の成立条件そのものが国際的なものであったということ、つまりロシアを取り巻く国際的文脈を理解しないかぎり理解することができない革命であったということを最初に強調しておきたいと思います。

国内的諸条件Ⅰ――ブルジョアジーの反動性と労働者階級の革命性

まず国内的諸条件です。これについてはすでにトロツキーが一九〇五年のロシア革命時点から、そしてより総括的には一九三〇年代の『ロシア革命史』という名著で詳しく分析していますが、歴史的に後発的な資本主義国家における不均等複合発展の産物としてのロシア社会の種々の特殊性が重要な役割を果たしました。このような特殊性のいくつかの側面はすでにトロツキー以前から多くの人々によって大なり小なり観察され指摘されていたことであって、たとえばロシア・マルクス主義の父であるプレハーノフも、複合発展という言い方はしていませんが、ロシアにおける特殊性というものをそれなりに踏まえていました。レーニンもしかりです。トロツキーはそうした特殊性を最も徹底的に分析し、そこから最も首尾一貫した結論を引き出したという点で、そしてそれらの特殊性を不均等複合発展という一般化された概念で把握し、それを法則的に捉えたという点で稀有な存在ではありますが、しかしその種のロシア社会の特殊性は多くの人によってそれなりに認識されていました。

その主たる特徴ですが、まずロシアでは農民の土地問題や絶対君主制の打倒などのブルジョア民主主義的課題が歴史的に先送りされ、その間にすでに先進資本主義諸国では資本主義が爛熟し、社会主義の思想や運動が労働者階級の中でかなり支配的となっているという状況にありました。先進諸国のこうした先進的諸要素は、機械制大工業という最も発達した資本主義的技術としても、あるいはマルクス主義という最も発達した社会主義思想としても、絶えずロシアの中に浸透していきます。そうした発達した諸関係と、歴史的に先送りされ先鋭化していた前時代のブルジョア民主主義的課題とが同時に並存し、ロシア国内で複雑に結合していたということ、これがまずもってロシア革命を理解するうえでの重要な鍵であります。

こうした状況のもとでロシア・ブルジョアジーは革命化するのではなく反動化します。後でも述べるように、一八四八年革命の段階ですでにブルジョアジーは下からの労働者階級の運動に恐怖を感じて、ブルジョア民主主義的課題を精力的に遂行することができませんでしたが、それよりもはるかに発達した社会主義運動が、とくに一九〇五年の第一次ロシア革命以降にロシアでは展開されていたので、ロシアのブルジョアジーはなおさら反動化し、帝政それ自身以上に革命を恐れていました。さらに一九一四年に勃発した帝国主義戦争がロシア・ブルジョアジーの反動化をいっそう進行させます。帝政を打倒して民主主義を実現するよりも、現在の帝政のもとで外国市場を獲得することの方が彼らにとってははるかに重要なことになったからです。ロシアの狭い国内市場を農民解放を通じて拡大するよりも、帝国主義的に海外市場を獲得することの方が、ロシアのブルジョアジーにとってより確実で有力な選択肢となり、それゆえ、彼らの最も深い階級的利益は帝国主義戦争とその勝利にかかるようになりました。これが一九一七年段階でのロシア・ブルジョアジーだったわけです。

それに対してロシアの労働者階級は、ロシアの大都市において他のヨーロッパ諸国よりもはるかに集中的な形態で存在しており、勤労諸階級の間ですでに客観的にヘゲモニー的な地位にありました。当時の帝政ロシアはとてつもない大国で、今でもそうですが、ウラル山脈以西と以東とではまったく違う世界が広がっています。工業中心地と大都市があるのは、ヨーロッパ・ロシアと呼ばれるウラル山脈以西であり、現在でもロシアの人口の九割はそこに住んでいるというぐらい大きな不均等性があるわけです。

そしてこの大都市において労働者階級は上からの強行的な産業化によって、巨大工場に集中されていました。たとえばペトログラードの有名なプチロフ工場というのがありますが、そこだけで数万人の労働者が働いており、その規模は当時の世界の最も発達した巨大工場に匹敵するものでした。そして当時のプチロフ工場労働者は最も革命的な労働者でもあり、二月革命においても十月革命においても中心的役割を担いました。

すでにトロツキーが述べていますが、当時におけるロシアの大都市労働者は、同時代のフランスやドイツの大工場よりも集中度がはるかに高かったのです。当時のドイツは、最も発達した資本主義国の一つであって、当時における世界のマルクス主義者たちはドイツこそ社会主義革命に最も近い国だと考えていたわけですが、そのドイツよりもロシアの労働者の方が集中度が高かったわけです。

国内的諸条件Ⅱ━農民の革命性と分散性

では、その階級的同盟者である農民はどうだったかというと、その革命性も非常に大きいものがありました。たとえば、ドイツでは、階級的同盟者としての農民をどのように獲得するのかということが、たびたび論争のテーマになっていましたし、それは晩年のエンゲルスにとって非常に重要な理論的テーマの一つをなすものでもありました。ドイツではすでに一八四八年革命によって、あるいはそれ以前から農奴制が廃止されていて、農民は土地所有者になっていました。ところがロシアでは一八七〇年代の農奴解放はまったく中途半端なものであって、大部分の最も良質な土地は地主貴族のもとにとどめおかれ、農民のものになった貧弱な土地も有償であって、彼らは多額の借金を背負わされることになりました。地主貴族の国家であった帝政ロシアにおける「上からの解放」は結局、本当の意味で農奴を解放することはできなかったわけです。農民の革命性はすでに一九〇五～〇六年の革命期において（あるいはそれ以前から）大規模な農民反乱として現われていましたが、帝国主義戦争においてはなおいっそう農民は先鋭化しました。彼らは先祖伝来の土地から暴力的に切り離されて軍隊へと強制的に放りこまれ、不十分な装備や兵站のまま泥沼の戦地に送り込まれ、そこで虫けらのようにばたばたと死んでいったからです。

ロシアにおける農民がどれほど革命的であったかは、十月革命後に招集された有名な憲法制定議会の選挙結果がよく示しています。ご承知のように、この選挙でボリシェヴィキは都市部では過半数を獲得しましたが、全体としては二五％ぐらいしか獲得できず、過半数の議席を獲得したのはエスエルでした。この党は農村において圧倒的多数の票を獲得しました。しかしよく考えれば、エスエルは正式名称を社会革命党（社会主義革命家党）といって社会主義革命を標榜する政党でした。つまり、農民の圧倒的多数は社会主義政党に投票したわけです。当時のエスエル主流派（右翼エスエル）はすでにブルジョアジーに追随して、農民の土地革命を裏切っていたわけですが、そのことは農民にはほとんど伝わっていなかったので、農民はエスエルのことを引き続き、農民の共同的土地所有に基づく社会主義の実現を目指す党だと思って投票したわけです。それだけロシアの農民は革命的だったわけです。

しかし、この農民は広大なロシア帝国の中で、広大な農村に分散して存在しており、集中した工業も高度な文明も行政や権力のてこもすべてヨーロッパ・ロシア地域の大都市部に存在していました。それゆえこれらの農民たちは、たとえたびたび反乱を起こし、地主貴族の屋敷を焼き討ちして、土地を力づくで奪うということさえしますが、農村からけっして出ようとはせず、都市に向けて進撃して都市を包囲したり、都市を奪取したりすることはありませんでした[1]。

経済や権力のてこはすべて都市部にあるのであって、農村でどれほど反乱が燃え広がっても、権力を覆すことはできません。彼らは帝国の土台を揺るがすけれども、革命のヘゲモニーを握ることはありませんでした。ではどこが握るかというと、それはもちろん都市であり、とりわけペトログラードとモスクワという二大都市です。誰が握るかというと、都市に集中されて存在している労働者階級です。人口においてわずか五〜六%ほどの産業労働者階級（ただしその家族を入れると、このパーセンテージは数倍になります）は、都市に集中されて存在し、そこで圧倒的な力を持っていたために、都市と農村との極端に不均衡なヘゲモニー構造を通じて、人口的に圧倒的少数の労働者階級が革命全体の帰趨を決定する地位につくことになったわけです。

国内的諸条件Ⅲ―少数民族の革命性

それだけでなく、ロシア独特の民族的諸条件も重要です。帝政ロシアはご存知のように多民族国家であって、同時に、「諸民族の牢獄」と言われるぐらい、多くの少数民族が差別され従属させられていました。とくにそのユダヤ人差別は残酷で、ポグロムと呼ばれるユダヤ人虐殺もたびたび起きており、帝政ロシアは反ユダヤ主義の祖国と言ってもいいぐらいです。ナチスがユダヤ人虐殺の記録を大きく塗り替えるまで、帝政ロシアこそが反ユダヤ主義の牙城でした。

註

(1) 後の中国紅軍=農民軍は最終的に都市を占拠して一九四九年に中国革命を達成するが、それは、まず第一に、都市部で革命が敗北し、さらに日本軍によって占拠されて、共産党が農村部に退却せざるをえなかった結果であり、第二に農民軍が中国共産党という労働者の前衛党に指導されていたからであって、その意味で、あくまでもプロレタリアートに指導された農民という図式の極端な形態であると言える。長尾久氏は、中国革命が都市プロレタリアートによる革命という足跡をたどらず、農村ゲリラによる都市の包囲と占拠という道筋を取ったことをもって、トロツキーの路線の敗北と規定している(長尾久「トロツキー」、白井健三郎編『一四人の革命家像』総合評論社、一九七二年。同じような議論は同時期に書かれた同氏の以下の論文でもなされている。長尾久「トロツキー『一九〇五年――総括と展望』」、石堂清倫・菊池昌典編『革命思想の名著』学陽書房、一九七二年)。実際には、ロシアにおいてもレーニンは、ブレスト講和の時期に、もしドイツ軍がペトログラードなどの大都市部まで侵攻して都市部を占拠した場合、ウラルやカムチャッカまで退却して、そこから再反撃し大都市部を奪回する戦略をすでに考えていた(トロツキー『レーニン』光文社古典新訳文庫、二〇〇七年、一八二~一八三頁)。したがって、一九四〇年代の第三次中国革命はあくまでも永続革命という戦略的枠内の中での戦術的な一特殊形態(大都市部での敗北と広大な後背地での退却戦、そこからの反撃というパターン)である。

それゆえ、多くの被抑圧民族は革命の温床となり、当時における社会主義革命家の多くは被抑圧民族出身者でした。ユダヤ人、ラトビア人、グルジア人、アルメニア人、ポーランド人、ウクライナ人などを出自とする革命家たちが、ボリシェヴィキにもメンシェヴィキにも多数いました。また、あまり知られていませんが、シベリア鉄道建設で多くの中国人労働者がロシア東部にいて、これらの中国人労働者からも多くのボリシェヴィキ活動家が生まれています。

西部の先進地域出身の少数民族はとくにプロレタリア的であり、またとくに革命的でもありました。彼らは二月革命においても十月革命においても革命の先頭に立ちました。そして、ボリシェヴィキの指導者レーニンが民族問題に関して非常に敏感で注意深い態度を取り、ヨーロッパの主流社会民主主義者のような社会帝国主義的態度をいっさい取らず、そうした精神でもってボリシェヴィキを教育したことは、この少数民族の革命的エネルギーを十月革命へと結びつける上できわめて重要な役割を果たしたことは、トロツキーが『ロシア革命史』で詳しく述べているとおりです。

以上のような国内的諸条件こそが、ロシアにおける本格的な革命が典型的に永続革命的な軌道を描くことを可能にしたものです。これらの諸条件を見てもわかるように、国内的諸条件そのものがロシア一国で閉鎖的に形成されたのではなく、国際的な諸関係のもとで、国際的なものと国内的なものとの相互作用の結果として形成されたものであることがわかります。

国際的諸条件

次に国際的条件ですが、これは言うまでもなく第一次世界大戦です。レーニンの言う「帝国主義の鎖における最も弱い環」としてのロシアが真っ先に軍事的にも経済的にも破綻し、飢餓が都市を襲い、そのことが、すでに十分時代遅れになっていた帝政ツァーリの体制を根底から揺るがして、あの二月の劇的な革命へといたったわけです。このことはすでに皆さんも十分ご存知のことだと思うので、ここでは詳しく論じません。

一つだけ補足しておくと、後進的農民と先進的労働者とは、通常の平時であれば、住んでいる地域も違うということもあって、なかなか直接的な共同戦線を張るということができなかったのですが、総力戦と軍隊への強制的組織化という形態を通じて、この両階級は兵営と前線でともに生活しともに戦うという経験をつむことになりました。さらに農村から出てきた農民兵士が首都ペトログラードやモスクワに配置されて、両都市の燃えるような革命的雰囲気に感化され、農村では持てなかったような国家的・国際的視野を持つことができるようになったことも、革命にとって非常に有利に働きました。一九〇五年革命では、決起した都市労働者を後進的な農村から派遣されてきた農民部隊や少数民族部隊が鎮圧したわけですが、日露戦争よりもはるかに大規模な総力戦であった第一次世界大戦においては、農民兵士は先進的労働者の側に立ったのです。

後にグラムシは、これまで未組織だった小ブルジョアジーが軍隊によって強制的に組織され、それがファシズムのできあいの組織形態になったと一九二〇年代半ばに分析していますが、イタリアにおいてファシズムの温床となったこの軍隊は、ロシアでは革命の温床となりました。この差を生み出したものこそ、両国における農民の土地問題の解決度の違い、ブルジョア民主主義的課題の達成度における違いだったのです。

思想的諸条件

次に思想的条件です。ご存知のように、都市プロレタリアートのあいだでは何よりも、ロシアの革命的労働者政党を通じてマルクス主義が思想的ヘゲモニーを獲得したわけですが、このマルクス主義は二重の意味で国際的な思想でした。まず第一に、それ自体の出生が、ヨーロッパにおける最も優れた諸思想・諸理論を受け継ぎ、それを発展させ体系化したものであり、その意味で、最初から国際的な出自を持った思想です。それが一八八〇年代にロシアに輸入され、ロシアの社会民主主義組織を通じて、三〇年かけてロシア労働者・知識人のあいだで普及・浸透し、ロシアの先進的労働者の広い共感を獲得しました。『資本論』の初の外国語訳はロシア語訳であり、マルクス自身が校訂したフランス語訳よりも早かったし、その後、プレハーノフが訳した『共産党宣言』はマルクスの母国ドイツよりも普及しました。そしてその翻訳の水準も非常に高く、晩年のエンゲルスも外国語訳の中ではロシア語訳が最も優れていると太鼓判を捺しています。

ロシアにおけるこのようなマルクス主義の圧倒的普及もまた、複合発展論から説明できます。マルクス主義が生まれたヨーロッパでは、マルクス主義は多くの社会主義思想の一つにすぎず、すでに労働者階級のあいだには土着の社会主義思想が根を張っていて（プルードン主義、サンディカリズム、ブランキ主義、ラサール主義、バクーニン主義）、それがしばしばマルクス主義の浸透を阻む役割を果たしましたが、ロシアにおいては、知識人と農民を基盤とするナロードニズム（バクーニン主義的傾向を持ったそれ）はあっても、労働者階級を基盤とする社会主義思想としてはマルクス主義に対抗する独自の社会主義思想は存在しませんでした。

ちなみに、そのナロードニズムの系譜を引くのがエスエルという社会主義政党ですが、これは、形式的には非マルクス主義政党なのですが、実はこの政党も相当にマルクス主義の影響を受けていて、半分ぐらいはマルクス主義政党と言ってもいい政党でした。エスエルは、晩年のマルクスがロシア農村共同体を保存したまま共産主義に移行する可能性を肯定したことを積極的に取り上げ、そのことでもって、実は自分たちこそがマルクスの後継者であるとさえ言っていました。逆に言えば、それぐらいロシアにおいてマルクス主義の権威が高く、先進層の中でのその思想的ヘゲモニーが圧倒的だったということです。

マルクス主義はその出生が国際的な流れを汲んでいるというだけでなく、その思想体系そのものが国際主義を本質としていました。それが対峙している資本主義システムそのものが世界システムであって、したがって資本主義の克服は国際的にのみ可能であり、その手段は、『共産党宣言』の最後の一句が言うように、万国の労働者の団結であるという国際主義的立場です。けっして「一国社会主義」のような国家的に限定された立場ではなく、あくまでも国際革命を目標とする思想でした。このような国際主義的思想が、ボリシェヴィキやメンシェヴィキを通じてロシアにおける先進層の支配的な思想になったわけです。

勝利の最終的条件としてのヨーロッパ革命

さらに最終的な勝利の条件としても、当時のトロツキーやボリシェヴィキたちはヨーロッパ革命の勝利を必要条件とするという立場を一貫してとっており、ヨーロッパで労働者革命が勝利しないかぎり、ロシアの革命（それがたとえブルジョア民主主義段階でとどまろうとも）は遅かれ早かれ崩壊するのだという展望を確固として堅持していました。これは、トロツキーの初期の『総括と展望』でも言われているし、一九一七年革命の過程でもこのことが何度も何度も繰り返されています。レーニンも同じですし、ロシア革命に参加した多くの労働者も世界革命というものを当然の前提としていました。彼らは一国だけで完結する革命を考えていたのではなく、最初からヨーロッパ革命の一環としてロシア革命を考えていました。そういう意味でも、ロシア革命は国際的な文脈の中でしか理解できない、そういう革命でした。

ところで、この最終的な勝利の条件としてトロッキーが（実際にはレーニンも）ヨーロッパ革命を想定したことに対しては、後に、実際にそれが実現しなかったことで多くの批判を受けることになりました。スターリンの一国社会主義論はその最たるものですが、そのような古典的タイプ以外にも、それをトロッキーの西欧主義の現われであるとか、農民軽視の現われであるとみなす論者は後を絶ちません。しかし、このような非難は結局、ヨーロッパ革命なしでもロシア革命は一国で完結しうるという一国社会主義論（スターリニズム）に行き着くか、そもそも十月革命をするべきでなかったというメンシェヴィキ的結論に行き着くかのどちらかでしょう。前者は結局、一九八九〜九一年の事件によってその誤りが最終的に示されましたし、後者は、後に後発国で革命をブルジョア民主主義段階でとどめようとしたあらゆる革命が破産して、民主主義どころか、それよりもはるか後方の軍事独裁に道を譲っている事実を無視している点で、とうてい批判に耐えうるものではありません。この点については後で再論します。

2、ロシア革命そのものの国際性

ロシア革命成立の諸条件が国際的であったというだけでなく、このロシア革命そのものが世界的な広がりと影響を持った一種の「世界革命」でした。次にこの点について詳しく見ていきます。

帝政ロシアそのものの「世界性」

まず帝政ロシアというこの巨大国家そのものが、大陸規模の国家であり、西はヨーロッパ地域のポーランドから東はユーラシア大陸の東端ウラジオストクにまで、北は永久凍土のシベリアから南はアジア中部の砂漠にまで至る、一個の「世界」であったと言うことができます。つまりこのような一個の「世界」とでも言うべき帝政ロシアで起きた革命は、それ自体が一個の世界的な革命だったのです。一つの国家の中にこれほど極端に異なった自然環境や社会的発展段階や文化や言語や宗教をもった地域や民族や人種が並存しているというのは、他に類例を見ません。たしかにイギリスはかつて海外に北から南まで日の沈むことのない巨大帝国を作りましたが、それはあくまでも海外に散らばって存在する植民地の総和でしかなく、帝政ロシアのように地続きの一個の広大な領土ではありませんでした。

今日ではその多くが独立国家になっています。革命後早々に独立国家となったフィンランドやバルト三国（リトアニア、ラトビア、エストニア）、ポーランドは言うまでもなく（バルト三国はその後再びソ連に暴力的に編入され、後に再び独立します）、ウクライナ、ベラルーシ、グルジア（今はジョージア）、アルメニア、アゼルバイジャン、カザフスタン、ウズベキスタン、キルギス、等々です。しかし、これらの十数ヵ国の独立後もなおロシアは他民族・他人種の連邦国家であり続けています。その中にはわれわれとほとんど同じ姿をしたアジア人もたくさんいます。このような多くの国々を含む巨大な地域で起こった革命ですから、その国土面積の巨大さからしても、地理的・歴史的・文化的多様性からしても、それが包含する「国」や民族の多さからしても、一九一七年のロシア革命は、この一革命だけですでに、一八四八年にヨーロッパ各国で起こったのと同じ規模の「世界革命」であったと言えるわけです(2)。

ロシア革命直後に帝政ロシアから離脱して、結果として社会主義革命を経験しなかった(あるいは途中で挫折した)フィンランドやバルト三国やポーランドのような国は存在しますが、それ以外は帝政ロシアの一部として社会主義革命をともに経験し、最終的にソ連が崩壊するまでその一構成部分であり続けたのです。

ちなみに、このロシア一国が持つある種の「世界性」こそが、後に、ロシア革命が一国に封じ込められた後も革命政権が生き残ることを可能にしたし、さらにその後、ヨーロッパ革命の展望が遠のいたときには、「一国社会主義」というユートピアがボリシェヴィキ内で支配的になることをも可能にしたのです。

ロシア革命の世界的影響とドイツ革命の挫折

もちろんそれだけでなく、ロシア革命の直後に、そして第一次世界大戦の終了直後にはより広範に、巨大な革命の波がヨーロッパで起こっています。ハンガリーでは、共和国革命から労働者革命へと永続し、一時的にベラ・クーンを首班とする労働者評議会政権ができます。最終的にはルーマニアの反動政権によって軍事的に倒されますが。さらに、ヨーロッパ反動を支えたドイツのホーエンツォレルン家、オーストリア＝ハンガリーのハプスブルク家の支配も崩壊し、どちらにおいても共和革命が起こっています。こうして、ナポレオン敗戦後のウィーン体制を支えていたヨーロッパ反動の三大王朝、すなわちロシアのロマノフ王朝、プロイセン＝ドイツのホーエンツォレルン王朝、そしてオーストリア＝ハンガリーのハプスブルク王朝、この三大王朝はすべて革命によって粉砕されるわけです。イタリアでは、グラムシも参加した一九一九〜一九二〇年の赤い二年間に工場評議会運動や工場占拠運動が起こり、イギリスでも一九一九年に炭鉱労働者による大規模なストライキをはじめ各地で大規模なストライキが起こっています。このように、一九一七年のロシア革

註

（2）世界システム論者のウォーラーステインは、『反システム運動』において、世界史において世界革命は一八四八年革命と一九六八年の革命のたった二回しか起きていないと述べているが（ウォーラーステイン&ジョバンニ・アリギ&ホプキンス『反システム運動』大村書店、一九九二年、一〇七頁）、これはまったく一面的である。むしろ、一八四八年革命も一九六八年革命も、それぞれが属する波において衰退期への転換点となった革命であり、その影響力や波及力は十数年程度しか続かなかった。それに対して、一七八九〜一七九四年のフランス大革命と一九一七〜二〇年のロシア大革命は、一〇〇年に及ぶ巨大な革命の波をつくり出した世界史的意味を持った革命である。私は、この二つの大革命を「世界史的革命」と規定して、「世界革命」一般から区別するべきであると考えている。

命は一九一八～一九二〇年にかけてヨーロッパ規模の革命を引き起こし、一八四八年革命が達成できなかった歴史的課題を基本的にはすべて実現するに至ったわけです。これが世界革命でないとしたら、いったい何が世界革命なのでしょうか？

もちろん、これらの革命はロシア革命を除いて社会主義革命の勝利にまで至らず、中途で挫折します。ロシア革命とほぼ同時進行的に起きたフィンランド革命は、まだ健在であった帝政ドイツ軍によって粉砕され、多くの革命家が虐殺され、バルト三国の革命も同じ運命をたどります。とくに決定的だったのはドイツ革命の挫折です。一九一八年に水兵の反乱をきっかけにヴィルヘルムは逃亡し、ホーエンツォレルンの支配が崩壊し、労働者のレーテ（評議会）が結成され、ローザ・ルクセンブルクとカール・リープクネヒトを指導者とするドイツ共産党（スパルタクス団）がレーテの中で活躍し、急速にその影響力を広げていきました。誰もがドイツにおける革命の進展を固唾を呑んで見守っていました。ボリシェヴィキと革命家たちは期待を込めて、ブルジョアジーと保守政治家は恐怖心をもって。しかし、一九一九年におけるスパルタクス団の時期尚早の蜂起が社会民主党政権によって残酷に鎮圧され、ロシア革命の西方への拡大過程は強制的に停止させられます。

その過程で、ご存知のように、ローザ・ルクセンブルクとカール・リープクネヒトとレオ・ヨギヘスが虐殺されます。ロシアで言えば、レーニンとトロツキーとスヴェルドロフがまとめて殺されるようなものであり、そのような致命的な打撃をこうむる中で、ドイツ革命は血の海に沈められるのです。そしてこのドイツ革命の挫折こそ、ロシアにおいてはスターリニズムの軌道を発動させる決定的な転換点になったし、ドイツ自身においても後にファシズムが台頭する決定的な一要因になりました。ワイマール体制と呼ばれる極めて不安定なブルジョア民主主義体制は、極端なインフレによる経済崩壊と政治的二極分化の中で完全に行き詰まり、最終的にファシズムへといいたる流れを作り出すことになりました。その出発点になったものこそこのドイツ革命の敗北でした。

この敗北において決定的な役割を果たしたのが、ドイツ社会民主党の裏切りだったことは言うまでもありません。ドイツ社会民主党はまず第一次世界大戦を支持することで裏切り、次に第一次大戦後にドイツ革命を血の海に沈めることでもう一度裏切りました。この二度の裏切りが、第一次世界大戦と第二次世界大戦を本格的に可能にしたのです。

こうして、本来は国際革命の一環として初めて勝利しうるはずだったロシア革命は広大とはいえ一国内に封じ込められ、それがさらに帝国主義諸国による経済封鎖、軍事干渉へと結びつき、革命ロシアを絶対的欠乏と極度の飢餓に陥れ、その真っ只中で三年もの内戦を強いる結果になったのです。

コミンテルンとヨーロッパ共産党の建設

ボリシェヴィキはこの国際的孤立状況を打破し、何よりもヨーロッパにおいて世界革命の新しい動きを再開するために、一九一九年にコミンテルン（共産主義インターナショナル）を結成し、各国に共産党を結成して、ヨーロッパ革命を追求します。これは一定の成果を収めて、イギリスを除く多くのヨーロッパ先進諸国においてわずか数年で大衆的な規模の共産党を建設することに成功します。それは、第二インターナショナル期における社会民主主義政党の結成と成長のスピードをはるかにしのぐものであり、その巨大な成果はまさに目を見張るものでありました。一九一五年のツィンメルワルト会議において、帝国主義戦争に反対するヨーロッパとロシアの社会主義者をすべてかき集めても数十名にしかならなかったことを考えれば、これがどれだけすさまじい急成長であったかがわかるでしょう。世界史において、共通の理念・思想・綱領・路線に基づく堅固な組織がこれほど短期間にこれほど大規模に建設された例はこれまで一度もなかったし、それに近いものさえいっさいなく、その後も一度もないものでした。ロシア革命が与えたインパクトがどれほどすさまじいものであったかがわかります。

しかも、当時のヨーロッパには、マルクスの時代の種々の雑多な社会主義的ライバルたちとは比較にならないほど強大な組織と新聞雑誌網と議員を抱えた社会民主主義政党が確固として存在しており、それらがマルクス主義のいっさいの権威でもって労働者大衆に深く根ざしていたわけですから、そのような諸政党を向こうにまわして、社会民主主義政党そのものが弱かったアングロサクソン諸国を除く各地で短期間のうちに大衆的共産党が建設されえたことは奇跡に近いものであると言えます。

しかし、このような巨大な影響にもかかわらず、やはり数年でヨーロッパ資本主義を覆すようなことは不可能であって、戦争から立ち直ったヨーロッパ資本主義は、最初の革命的攻勢を何とか乗り切り、ロシア革命の封じ込めにかろうじて成功します。アメリカ合衆国という世界一の金持ち国家がヨーロッパ資本主義の救済にかけつけたことも大きな役割を果たしました。アメリカ資本主義の支えがなければ、ヨーロッパ革命は成功していたかもしれません。いずれにしても、歴史的事実としてヨーロッパ革命は成功しませんでした。

アジアへのインパクトと中国革命のパラドクス

しかし、ロシア革命がもたらしたインパクトは西方に対してだけでなく、ロシア革命の指導者が予想していた以上に、東アジアや南アジア、東南アジアにも巨大なインパクトを与えました。この日本でも一九一七年からいわゆる米騒動が起こり、この年から一九二〇年にかけて大規模なストライキや労働争議が全国で巻き起こり、一〇〇万単位の労働者がそれに参加しています。トロツキーは一九一八年にこのストライキ運動を分析して、日本でも革命が近づいていると考えたほどです(『トロツキー研究』第三五号)。同じく一九一九年には、中国で五・四運動が起こり、朝鮮半島では三・一独立運動が起きています。これらはもちろんロシア革命だけの影響ではないにせよ、ロシア革命のインパクトを抜きにしては考えられません。

コミンテルンは植民地解放闘争を全面的に支援し、そのための大規模な国際的な民族会議を開催し(たとえば一九二〇年の東方諸民族大会、一九二一年の極東勤労者大会など)、植民地各国に共産党や解放組織を組織し、大規模な資金提供や武器供与を行ない、武装闘争を含むさまざまな本格的闘争を開始しました。これは、帝国主義諸国の社会主義者の寄り合い団体にすぎなかった第二インターナショナルが絶対にしなかったことです。この一点だけでもすでに第三インターナショナルは第二インターナショナルを圧倒的に上回る進歩性を有しています。

とくに中国では、コミンテルンの指導者たちにとっても意外だったことに、ヨーロッパよりも急速に共産党が成長し、巨大な大衆運動を作り出し始めました。ブルジョア民族解放組織である国民党自身も、実はソ連の支援と権威のおかげで急速に中国の主役の地位に就いたのです。これが一九二六~二七年の第二次中国革命へと結びつきます。そしてこの革命も典型的に永続革命的軌道をたどりはじめました。当時の中国は、一九一七年のロシア以上に不均等な社会であって、複合発展的特徴を、つまりは先進的要素と後進的要素とのダイナミックな結合という特徴を先鋭に有していました。

たとえば、ロシアでは労働者階級の中ではマルクス主義が優勢であったとはいえ、それでも社会主義思想のライバルとしてナロードニキやアナーキズムが歴史的に相当有力であって、それと対抗する関係にありました。さらにマルクス主義の中でも、ボリシェヴィキは（その名前にもかかわらず）少数派であり、ボリシェヴィズムが都市労働者階級の間で多数を握るのはようやく一九一七年の後半、コルニーロフの反乱を粉砕した後の九月になってからのことです。しかしながら、中国においては、都市労働者階級の中で支配的であった社会主義思想は最初からマルクス主義であり、しかもその中のボリシェヴィズム、つまり中国共産党でした。結局、中国における二大政党は、中国共産党と国民党（すなわち中国のブルジョア民族主義政党）でした。これらが中国の主要な政党であって、両者の中間的存在であるエスエルやメンシェヴィキのような政党は存在しませんでした。そのため、農村でさえエスエルのような党は存在せず、ましてやそのような党が支配的になったことはありませんでした。農村でも、農民は中国共産党によって直接に組織されるか、国民党の支配下にあったわけです。

言ってみれば、中国では最初からボリシェヴィキと民族主義的カデットに二極分解した状態が存在していたと言えます。ちなみに、一九一七年のロシアでも都市部では、最初のうちはエスエルとメンシェヴィキが多数でしたが、両者は急速に没落し、一〇月時点ではボリシェヴィキとカデットにほぼ二極分化していました。より確固たる革命派に接近するか、より確固たる反動派に接近するかであり、その中間は没落していったのです。ところが中国では最初からこの最終地点から出発していたというぐらい、複合発展の構図は先鋭でした(3)。

しかし、この第二次中国革命は結果的に成功せず、蒋介石の軍事独裁へと行き着きます。周知のようにその主要な原因となったのは、当時コミンテルンを支配していたスターリン＝ブハーリンがメンシェヴィキ的な路線を中国において追求し、共産党を国民党に従属させ続けたからです。皮肉なことに、中国のボリシェヴィキ（中国共産党）は存在しないメンシェヴィキを自ら代行し、ブルジョア政党に追随して、ブルジョア軍事独裁への道を掃き清めたのです。

このように結局、中国革命は成功しなかったとはいえ、ロシア革命はアジアにも巨大なインパクトを与えます。こうして、ロシア革命はヨーロッパとアジアに巨大なインパクトを与え、革命的激動をもたらしたという意味でも、一個の世界革命であったと言うことができます。

マルクス主義の「世界思想」化

ロシア革命の国際性を示すもう一つの重要な事実は、このロシア革命を通じて、マルクス主義が世界中に普及し、一個の「世界思想」になったことです。たしかにそれは、当初はレーニン主義という特殊な形態を取っていたとはいえ、あるいはその後はスターリニズムというかなり歪んだ形でとはいえ、マルクス主義ははじめて世界思想になったのであり、われわれ日本人が住んでいる東端の小さな島国にまでマルクス主義が広く普及することを可能にしたのです。

マルクス主義は、マルクスとエンゲルスの思想という形で一八四〇年代半ばにドイツに生まれ、一八四八年の『共産党宣言』でおおむねその基本的特徴が確立され、一八六七年

註

(3) 中国におけるこの複合発展の特別の先鋭さは、陳独秀という稀有の思想家の変遷に最も鮮やかな形で示されている。彼は中国における最初の啓蒙思想家、急進的な民族民主主義者として出発し、ついでマルクス主義者となるやいなや共産主義者となって、中国共産党の創始者にしてその総書記となり、ついで第二次中国革命の敗北後には最初の中国トロツキスト組織の指導者となり、さらに日中戦争中の晩年にはレーニン主義をも部分的に乗り超えた新しい革命的社会主義の方向性を目指すにいたった。たった一人の人物の短い生涯のうちに世界史における近代以降の進歩的諸思想のすべての段階が、しかも最も先鋭な形で体現されているのである。

の『資本論』を通じてその科学的体系性を確立しますが、マルクスが死んだ時点ではヨーロッパとロシアの一部にしかその名が知られていない思想にすぎません。その後、エンゲルスによる普及の努力と第二インターナショナルの結成によって、さらにいっそう普及しますが、基本的にはロシア革命以前は本質的にヨーロッパの思想でしかなく、しかもヨーロッパにおける他の多くの社会主義思想（とくにラテン系諸国におけるアナーキズムとサンディカリズム）と競合しあう思想でした。世界的にも、アジアやラテンアメリカに先に影響を及ぼしたのは、アナーキズムであって、マルクス主義ではありませんでした。ロシア革命の勝利とそれによる世界的インパクトが、そうしたヨーロッパ的制限を根本的に打破したのです。そしてコミンテルンを通じて世界各国で共産党が建設され、その党員たちにマルクス主義の学習を積極的に義務づけ、その大衆的普及を組織的に遂行したことによって、[4] マルクス主義はヨーロッパからアジア、太平洋地域まで、シベリアからインド、アフリカまで、北アメリカからラテンアメリカにまで、急速に世界中に広がった文字通りの「世界思想」になりました。

戦後はさらに、先進諸国における知識人の大衆化と民衆の高学歴化を通じて、マルクス主義はアカデミズムの世界においてもきわめて有力な潮流となり、その影響から完全に無縁でいられるような人文・社会科学はほとんど存在しなくなりました。

一人の人物の名前を冠した思想がこれほど短期間にこれほど世界中に普及した例は世界

史上一度もないし、おそらく今後もないでしょう。マルクス主義の普及に匹敵する人文・社会思想は他にはなく、ただキリスト教やイスラム教や仏教のような世界宗教だけがそれと比較可能です。しかし、これらの宗教が世界宗教になるには数百年から一〇〇〇年以上もの長い長い月日が必要だったのです。それに対してマルクス主義は、それが生まれた一八四〇年代からわずか一〇〇年ちょっとで世界思想になりました。それはただロシア革命という世界規模の革命によってのみ可能になったのです。

3、ロシア革命の世界史的位置づけⅠ
―フランス革命と「第一の波」

註

（4）ホブズボームはその最新著『いかに世界を変革するか』の中で、第三インターナショナルが、世界中に建設された共産党の一般党員にもマルクス主義の古典の学習を義務づけたことがマルクス主義の世界的普及に決定的な役割を果たした事実にしかるべき注意を払っている。基本的にマルクス主義の学習が指導層に限定されていた第二インターナショナルとはこの点でまったく異なる（ホブズボーム『いかに世界を変革するか』作品社、二〇一七年、二四〇～二四一頁）。

次にロシア革命の世界史的位置づけについて考えていきたいと思います。これを理解するにはロシア革命だけを単独で取り上げても実はだめで、あるいはロシア革命が起きた時代だけを取り上げてもだめで、ヨーロッパにおける近代世界成立後の世界史を全体として取り上げる必要があります。そして、その近代以降の世界史を革命の大きな波の交代過程として捉えなおし、その中にロシア革命を位置づける必要があります。これによってはじめてロシア革命の世界史的位置づけがわかるのです。

「ブルジョア革命の時代」と最初の頂点

まず革命の最初の大きな波が、一八世紀から一九世紀にかけての「ブルジョア民主主義革命の波」であり、それにもとづいて「ブルジョア革命の時代」というものを想定することができます。周知のように、イギリス共産党の歴史家エリック・ホブズボームは、一八世紀末のフランス革命から一八四八年革命までを「革命の時代」（ブルジョア革命と産業革命の二重革命の時代）ととらえ、それ以降から一八七三年までを「資本の時代」と呼び、さらにそれ以降から一九一四年の第一次世界大戦までを「帝国の時代」と呼びましたが、私の分類では、「革命の時代」以前の時期と、「革命の時代」と「資本の時代」、および「帝国の時代」

の前半を含む期間が「ブルジョア革命の時代」です。

この「ブルジョア革命の時代」の最初の頂点をなし、したがってまたこの時代の決定的な結節点をなすのが、一八世紀末のフランス大革命ですので、「フランス革命とブルジョア革命の時代」と呼んでもいいでしょう。この時代においては、ヨーロッパ先発国を中心として、ブルジョアジーないし小ブルジョアジー（あるいは時にはブルジョア化しつつあった貴族）が主導で民主主義革命が実行され、近代ブルジョア社会が成立していった時代として捉えたいと思います。

最初の出発点をなすのはイギリスのピューリタン革命（一六四二～一六六〇年）ですが、これはずいぶん昔であり、また先駆的すぎたということもあって、ヨーロッパや世界へのインパクトはそれほどではありませんでした。そもそもイギリスの革命家たちは、後のフランス革命家たちと違って自分たちの革命を他の君主制国家に広げようとはしませんでした。さらにその後、フランス大革命の直前にアメリカ独立革命（一七七五～一七八三年）というもう一つのブルジョア民主主義革命が発生していますが、これはアメリカ大陸でのことであり、ヨーロッパへの直接的なインパクトは限られていました。この最初の波の最初の大きな頂点をなすのはやはり、一七八九年から始まったフランス大革命（一七八九～一七九四年）であり、これはテルミドール反動によって一時的に頓挫しますが、その後、ナポレオン戦争を通じてヨーロッパ中にその影響が広がり、ヨーロッパ封建体制を根底から揺るがし、ヨーロッパ中にブルジョア革命の種をまいていきます。

通常、フランス革命は、ジャコバン政権が崩壊するテルミドールで終わったと見られがちですが、それだとフランス革命のヨーロッパ的・世界的意義が十分にはわかりません。その後のナポレオン戦争を通じて初めて、たとえナポレオンというボナパルト的に堕落した形態とはいえフランス革命の理念や制度といったものがヨーロッパ中に広がっていったのです。そういう意味で、ナポレオン戦争も含めるのなら、フランス革命もまた一個の世界革命であったと言えます。このような「世界革命としてのフランス革命」によって、まず第一の波は最初の頂点を迎えます。

一八四八年革命と第二の頂点

しかしこのナポレオンの遠征はヨーロッパ封建体制の最も強固な牙城であった帝政ロシアに敗北することで挫折し、一八一五年にウィーン体制という復古体制が築かれ、ヨーロッパにおける基本的な政治的・地理的国境線が確定されます。このウィーン体制を主導したものこそ、ヨーロッパ反動の三大絶対主義国家、すなわちロシア、プロイセン、オーストリアでした。

しかし、すでにヨーロッパ中に芽吹き始めていたブルジョア民主主義的な諸要求・運動と、この新たに人為的に設定された古い封建的で絶対主義的な君主体制との矛盾はその後の二〇年間にますます深刻になり、両者の間での公然たる衝突は避けられないものになります。ちなみに、マルクスとエンゲルスは、この矛盾がますます激化しつつある時代に、しかも、この矛盾が最も先鋭な形で存在した地域の一つ、すなわちウィーン体制以前は革命フランスの支配下にあり、ウィーン体制後にヨーロッパ反動の三大支柱の一つであるプロイセン体制に再統合されたライン地方に生まれたのであり、この歴史的・地理的な複合発展的条件が両者の革命思想の発展に重要な役割を果たしたのは間違いないでしょう。

それはさておき、結局、このますます深刻化しつつあった矛盾は、一八四七年の世界恐慌を契機に、ついに一八四八年に爆発に至り、一八四八年から一八四九年にかけてのヨーロッパ革命をもたらします。イタリアのナポリから始まった共和革命は、二月のフランス、三月のウィーン、ドイツを経て、東ヨーロッパの少数民族の独立闘争へと飛び火し、ヨーロッパ全土に広がります。この一八四八年革命こそ第一の波の第二の頂点をなす出来事です。しかし、この時点でヨーロッパ・ブルジョアジーないしその政治的代理人たちは、フランス革命時のような戦闘的・革命的精神を失っており、政治的に臆病で、君主体制に対して従属的でした。とくにドイツとオーストリアではそうでした。彼らは下からの革命によって政権に就いたにもかかわらず、その革命を徹底しようとはせず、逆に革命を抑制し、君主制と妥協しようとし、最終的にはその中途半端な権力さえ維持することができず、革命前の君主体制がいずこでも復活し、革命は敗北します。

かつてのフランス革命時におけるブルジョアジーは下から自分たちを脅かす労働者の自立した運動をまだ持っておらず、それゆえブルジョアジーは国民全体を代表することができました。そのため、彼らは下からの民主主義的エネルギーを自らのエネルギーに変えることができ、それを用いて絶対主義的君主制を打倒し、国民的ヘゲモニー階級になったのです。といっても、大ブルジョアジー自身が実際の革命的実践を行なったのではなく（彼らがそうするにはあまりにも失うべきものが多かった）、都市の平民層（小ブルジョア市民）が実際の革命的行動を担ったのですが。とはいえ、フランス革命時においては、ブルジョアジーはそのような国民的階級でした。しかし、一八四八年時点ではそのような時代はとっくにすぎていて、第一の頂点と第二の頂点との間の約五〇年間にヨーロッパでは資本主義が大いに発達し、それによって労働者の運動もフランスやイギリス（チャーチズム）などでかなり成長するようになり、さらにはブルジョアジーに敵対する社会主義思想も普及するようになります。社会主義思想は何よりもジャコバン主義の直系の子孫であり、その普遍化であり進化でもあったのですから、フランス革命を推進したジャコバン主義の理念は何よりも社会主義によって受け継がれたと言えるでしょう。

こうした状況の中で、ブルジョアジーはすでに国民全体を代表する階級ではなくなっており、彼らは君主制よりも下からの急進的革命のほうを恐れるようになりました。それゆえ、下からの革命を抑え、その急進化をくじかざるをえず、それでいて、その革命を利用して君主制から妥協を引き出すという、中間的な舵取りを余儀なくされます。そして、このようなジグザグの舵取りはいつまでも続けられるはずもなく、結局彼らは最終的に君主制に屈服するという道を選択します。

他方では、労働者階級はどうかというと、ブルジョアジーを押しのけて革命の主導権を握るところまでは発達しておらず、人数的にも政治的自覚の点もまだまだ初歩的な段階にありました。それゆえ、ブルジョアジーはすでに革命を徹底する意欲も能力も失っている一方で、プロレタリアートは、ブルジョアジーが投げ捨てた革命の旗を自らつかんで運動の先頭に立つほど発達もしていなかったのです。最も労働者の急進主義が発達していたフランスでは、二月革命後に社会主義者のルイ・ブランが入閣したり、六月には国営工場の閉鎖をきっかけにして労働者の蜂起が起こりますが、これは無慈悲に弾圧されます。この労働者の最初の蜂起は、ブルジョアジーの権力を覆すにはまだあまりにも弱かったのですが、ブルジョアジーを政治的に恐怖させるには十分強く、周囲の国々におけるブルジョアジーをして急いで君主制と妥協する方向へと歩ませました。

このような中途半端な状況が一八四八年革命を最終的に挫折させたのです。このようなブルジョアジーの反動性は、マルクスとエンゲルスが一八四八年革命直後に永続革命論的定式を最初に行なうことを促しますし、その後トロツキーによってより完全な形で定式化されるに至ります。

「上からの革命」と第一の波の終焉

こうして、本来は一八四八年革命は、ヨーロッパの絶対主義的君主制を粉砕して共和制を実現し、またばらばらの諸邦に分裂していたドイツやイタリアで強力な民主主義的統一国家を作り出し、またオーストリア＝ハンガリーや帝政ロシアによって支配され抑圧されていた被抑圧諸民族の独立国家を作り出すという歴史的課題を有していたのですが、それらの課題はいずれも達成されないままに終わりました。もちろん、一八四八年革命の結果として、この革命を生き残った君主制諸国は一定の議会主義的譲歩を行なわざるをえず、また古い農奴制の残骸も西方に関してはおおむね一掃されるようになります。

こうして、「ブルジョア革命の時代」あるいは「第一の波」は衰退期に入ります。この時代はしかし、ナポレオン戦争後のウィーン体制の時代と異なって、ブルジョア革命の歴史的諸課題が何も解決されないまま過ぎ去ったのではなく、旧支配層のヘゲモニーの下でブルジョア民主主義革命の歴史的課題の一部が達成されていきます。これが、エンゲルスの言う「上からの革命」であり、あるいはグラムシが「獄中ノート」で分析した「受動的革命」

です。

　この時期、ヨーロッパ後発国では、つまり本来は一八四八年革命によって下からの民主主義革命を通じて統一した民主主義的国民国家を作り出すべきだった諸国においては、君主制を維持したままで、上からの、旧体制の中の開明的な政治家や官僚のイニシアチブを通じて、そして、特定の君主国による周辺国の併合を通じて、統一国家が作り出されていきます。典型的には、プロイセンのビスマルクがドイツ統一を果たしたり、サルデーニャ王国のカブールがイタリア統一を果たしたり、といった過程です。また、すでに君主制が廃止されていたフランスでは、大ブルジョアジーはこぞって一八五一年のボナパルトのクーデターを支持し、帝政の復活を歓迎しましたが、そのボナパルトの支配のもとでフランス資本主義は著しい発展を遂げ、民主主義なきブルジョア国家が成立します。

　これによって、「ブルジョア民主主義革命」というように通常は「ブルジョア」と「民主主義」とがセットになっていた革命が、事実上、「ブルジョア革命」と「民主主義革命」とに分裂します。ブルジョア革命、すなわち、ブルジョアジーの発展、資本主義の発展にとって必要な政治的・経済的諸条件（統一国家を作り出して広大な国内市場と統一通貨、統一した課税制度を作り出すこと）は、君主制を維持したままで大なり小なり実現され、民主主義革命、すなわち、君主体制を転覆して民主共和制を作り出すという課題は歴史的に先送りされます（この先送りされた課題がついに達成されるのが、すでに述べた一九一七～二〇年の世界革命ですが、これは次の「第二の波」の話です)。

いずれにせよ、この時期にブルジョア革命と民主主義革命とが分裂し、前者はおおむね上からの主導で達成され、後者は否定されていくことで、大きな波としての「ブルジョア革命の時代」は終焉を向かえることになるわけです。

この後に続くのが、ホブズボームが「帝国の時代」と呼ぶ時代であり、ひととおり統一した民族国家を作り出すことに成功したヨーロッパ先進諸国が、国内で十分に資本主義を発達させ、今度は海外に目を向け、争って帝国主義的な植民地獲得競争に繰り出すようになります。もちろん、それ以前に統一した民族国家を作り出していたイギリスとフランスのような先発国、とくに最初に産業革命を実現していたイギリスはとっくに植民地を世界中に作り出していたわけですが、ドイツやイタリアのような後発国はそれに負けじと植民地獲得競争に乗り出していき、それが最終的に第一次世界大戦に行き着くわけです。

この過程において、ブルジョアジーはまったく民主主義の実現に関心を持たなくなり、完全に民主主義革命の担い手ではなくなります。とくに彼らは、自分たちの国家が侵略し支配し従属させていった植民地において、民主主義を持ち込むのではなく、帝国主義的な支配と略奪の体制を作り出すのです。

4、ロシア革命の世界史的位置づけⅡ
ーロシア革命と「第二の波」

以上が、近代世界成立過程における世界史の「第一の波」です。それに対して「第二の波」は、一九世紀末から二〇世紀末にかけての約一〇〇年間です。私はこれを「永続革命の時代」、あるいは「ロシア革命と永続革命の時代」と呼びたいと思います。

パリ・コミューンと最初の出発点

この新しい時代は、何よりも近代ブルジョア社会がヨーロッパの周辺国にも広がっていく時代なのですが、ヨーロッパ・ブルジョアジーはすでに反動化し帝国主義化しているので、もはやブルジョア民主主義革命の課題はこれらの周辺国ではブルジョアジーやその政治的代弁者によっては担われず、農民階級を指導する労働者階級に委ねられるようになります。一八四八年革命の段階ではそのような労働者階級はまだ存在していなかったし、また農民とのそうした同盟関係も存在していませんでした。しかし、やがて、さらに周辺に存在する国々においては、上からの近代化、上からの資本主義化ないし工業化を通じて、促成的ないし温室的に労働者階級が形成されることによって、労働者階級はしだいにそのような役割を担うだけの力量を身につけていきます。

そしてこれらの労働者は、上から促成的に作り出されたがゆえに、彼ら自身が少し前まで農民であったり、あるいは少なくとも親の世代は農民であったという、農民との密接な世代的関係が保持されています。ヨーロッパ先発国のように、自治都市に何世代にもわたって徐々に労働者階級が形成されていったのとはまったく異なります。あるいは、その前身たる小ブルジョア的な職人階級が都市部で独自の階層として分厚く形成されたのとはかなり様相を異にしているのです。逆に後発国では、ブルジョア民主主義革命の階級的担い手となったこのような分厚い小ブルジョア的都市階級が存在せず、直接、上から建設された大工場に元農民が集められ、彼らが即席の労働者階級となったのであり、この労働者階級こそがブルジョア民主主義革命の主たる担い手になったのです。

このような階級的担い手の歴史的シフトによって、もはやブルジョア民主主義革命はそれ自体として完結しうるものではなくなり、社会主義革命への移行の傾向を強く持った永続革命的軌道を必然的に描くものになります。さらにこのような客観的条件に、「第一の波」の衰退期に生まれたマルクス主義の思想と運動の発展という主体的条件が結合することによって、この永続革命的軌道はより意識的な形で、したがってより強力な形で展開しうる条件を獲得します。

ただし、このような軌道を描くからといって、必ず社会主義革命に至るとか、それが必ず勝利の帰結を生むということを意味しません。それは、「ブルジョア革命の時代」におけるブルジョア革命が必ず勝利するわけではないのと同じです。勝利した場合は社会主義革命へと至りますが、敗北した場合には、一時的な中間的体制を経てファシズムへと至るか、あるいはより直接的に軍事独裁体制（たいていは革命勢力に対する大量虐殺を伴うそれ）へと至るかのどちらかになります。つまり、永続革命的軌道を描く後発諸国においては、多くの場合、社会主義革命への移行かファシズムないし軍事独裁かという歴史的二者択一が生じるのです。

この永続革命の時代の萌芽はすでに、一八四八年革命におけるフランス二月革命に見られます。その革命においてパリの民衆蜂起の中心となったのはすでに小ブルジョアジーではなくパリの労働者であり、またそれによって成立した共和制政権には社会主義者（ルイ・ブラン）が入閣しました。さらにその後の労働者の六月蜂起とその敗北、そしてそれにもとづいたマルクスとエンゲルスの永続革命論的考察、等々です。しかしそれはまだ「第一の波」の中でのことであり、より本格的な出発点となるのは、やはり一八七一年三月～五月のパリ・コミューンでしょう。これはいわば「第一の波」と「第二の波」の交差点に当たり、時代の交代を象徴する事件です。このときすでにフランスの共和主義革命は一時的にプロレタリア革命へと永続する傾向を示しています。ルイ・ボナパルトの帝政は、普仏戦争でプロイセンに敗北したことで没落し、第三共和制が実現するわけですが、この動きはただちにパリにおける労働者権力へと結合するのです。マルクスは『フランスにおける内乱』で、一八七〇年九月四日におけるパリ労働者による共和制の宣言をすでに「労働者革命」と呼んでいますから（『マルクス・エンゲルス全集』第一七巻、三〇六頁）、革命はすでに一八七〇年九月から始まっていたと考えることができます。パリの労働者たちはパリの共和制を迫りくるプロイセン軍から防衛するために、自ら権力を取ることを余儀なくされます。その意味ではこれは最初の永続革命的過程を示したものと言えます。

しかし、この労働者権力は二ヶ月ちょっとしか続かず、またパリ以上に広がることなく、孤立して敗北するに至ります。ちなみに、この弾圧の過程で三万人ものコミューン戦士が虐殺されたと言われており、この意味でこのパリ・コミューンは、永続革命の敗北が大量虐殺を伴うという法則性の先駆にもなっています。

フランスは、イギリスに対しては後発国ですが、ドイツやロシアに対しては先発国であり、労働者の革命に巨大なエネルギーを供給できるほどブルジョア民主主義革命の課題は残されておらず、また農民はすでにボナパルト体制下でおおむね小所有者として「解放」されていたため、労働者との階級同盟も実現できませんでした。とはいえこれは最初の出発点として重要であり、もはやブルジョア民主主義や共和制の課題はそれ自体としては完結しえず、部分的であれ労働者政府を実現させる内的動力を持ちうることを示した点で決定的でした。

またこれは地理的シフトの結節点としても重要な意味を持ちます。これ以降、ほぼ一〇〇年後の一九六八年革命まで、革命の最も重要な震源地は西ヨーロッパ（とりわけフランス）から去り、より東方に移ることになるからです。「第一の波」においては常にフランスは革命的震源地となってきましたが、パリ・コミューンの破滅的敗北後は、マルクスがかつて『フランスにおける階級闘争』以来期待していたような世界革命の前衛であることをやめてしまうのです。

一九〇五年革命と中間的高揚

こうしてその後、しばらく反動的時代が続きますが（といってもその間にもヨーロッパ社会民主主義は着実に成長を続けたのですが）、二〇世紀になって、ヨーロッパの周辺的な国々を中心に第一の中間的高揚が生じます。その中で最も重要なのはもちろん一九〇五年のロシア革命です。日露戦争という局地戦争だけですでに、腐朽したツァーリ体制は大きく揺らぎ始め、一九〇五年の一月九日の「血の日曜日」事件をきっかけに、都市部で大規模なストライキ闘争が巻き起こり、事態は一気に革命へと突き進みます。労働者はストライキ委員会を発展させて、ソヴィエトという革命的自己統治機関を作り出します。それは闘争手段であるとともに、プロレタリア政府の萌芽でもありました。ここにおいてはじめて、古典的な絶対主義的君主体制と、都市部における労働者階級の革命機関とが直接対決するという二重権力状態が出現します。このとき、ペトログラード労働者が遂行した十月ストライキは、世界史上最大級のゼネストであり、文字通り都市全体を完全に麻痺させました。絶対主義と労働者との中間にいたロシア・ブルジョアジーは最初のうちは革命を支援しますが、労働者階級が政治的に自立していくにつれて、そしてソヴィエトという革命的自治機関を作り出すことによって、革命の方をより恐怖するようになり、ツァーリの懐に逃げ込むのです。

当時、一〇～一一月の時期においてペトログラード・ソヴィエトは事実上、ペトログラードを支配し、言葉の本来の意味で「プロレタリアートの独裁」を実現します。このソヴィエトの中で、ボリシェヴィキ、メンシェヴィキ、非分派派、エスエル、無党派などが緊密に協力し合います。この革命は、職人的労働者が多かったパリのコミューンに比べてはるかに、そして圧倒的に工場労働者的でした。この革命に直接参加し、ペトログラード・ソヴィエトを指導し、一時的にその議長となったトロツキーは、この経験を通じて自己の永続革命論を確立し、マルクス死後のマルクス主義に対する最大の理論的貢献を行ないます。

この先駆的プロレタリア独裁はやはり二ヶ月ちょっとで敗北しますが、その余波はパリ・

コミューンよりもずっと大きなものでした。この直接の影響を受けて、一時的にヨーロッパ各国の社会民主党は急進化し、カウツキーでさえ永続革命論に接近し、またヨーロッパ各地でゼネスト運動が盛り上がり、男子普通選挙権がいくつかの国で獲得されたりします。またその間接的影響を受けて、中国でも辛亥革命が起こります（一九一一年）。

反動期と第一次世界大戦

しかし、一九〇五〜〇七年の革命敗北後の反動期においてメンシェヴィキはしだいに右傾化してボリシェヴィキと深刻に対立するようになり（いわゆる解党派）、ヨーロッパでもカウツキーら中央派も保守化して、ローザ・ルクセンブルクら左派と対立し始めます。これらの反動期における社会民主主義の歴史的分化は、第一次世界大戦における社会主義の大分裂の予兆となります。周知のように、トロツキーはこの時期、この歴史的分化の傾向を感知しえておらず、ボリシェヴィキとメンシェヴィキとの再統一に向けて無駄な骨折りを続けていました。

第一次世界大戦の勃発はご存知のように社会民主党の右派のみならず主流派をも、そして左派のかなりの部分をも、さらにはサンディカリストやアナーキストの大部分をも祖国防衛主義者に転化させます。第二インターナショナルは崩壊し、社会主義勢力はマルクス主義者からアナーキストに至るまで、帝国主義戦争をめぐって根本的に分裂するのです。

　この第一次世界大戦は一時的に革命的社会主義の息の根を止めたかのように見えましたが、数ヶ月で終わると思われたこの戦争は戦線が完全に膠着したまま何年も続き、ほんのわずか戦線を前に進めるためだけに何万、何十万もの兵士の命が紙くずのように浪費されていきました。一時的に絶対的に孤立していたレーニンやトロツキーらの革命派はしだいに大きな反響を労働者や兵士の間で獲得するようになります。それと同時に、この帝国主義的総力戦に突入した列強諸国の中で、最も古い体制を維持していたロシアが真っ先に体制的危機に陥るのです。

最初の頂点と第二の中間的高揚

　こうしてついに一九一七年二月にロシアの首都で大規模な人民蜂起が勃発し、それはたちまちにして、ヨーロッパ反動の牙城、マルクスとエンゲルスが全生涯を通じて最大の敵とみなし続けたツァーリ体制を崩壊させるに至るのです。この二月革命から始まったロシア大革命は、二月革命時点では圧倒的に少数派であったボリシェヴィキをしだいに頂点へと押し上げ、ついに十月にはボリシェヴィキをソヴィエトの多数派にし、社会主義をめざす革命政権を打ち立てるのです。ツァーリが倒れてからわずか八ヶ月のことでした。

このロシア革命を起点にして一九一七〜二〇年のヨーロッパにおける革命的動乱が起こるわけです。これについてはすでにかなり詳しく説明したので、ここでは繰り返しません。ここで重要なのは、ロシア革命は、この第二の大きな波、すなわち「永続革命の波」の最初の頂点であり、第一の波におけるフランス革命に相当するものであるということです。ブルジョアジーと小ブルジョアジーが投げ捨てたブルジョア民主主義革命の旗は、マルクス主義思想で武装し農民階級と同盟した労働者階級によって拾い上げられ、したがってその勝利は必然的にブルジョア革命の段階でとどまることなく、社会主義革命へと結合することになったのです。その最初の頂点が一九一七年のロシア革命です。

しかし、このロシア革命はヨーロッパ革命へと連続することができず、その革命的拡張過程は中断され、ロシア一国に封じ込められます。先進諸国を舞台にした「第一の波」の諸革命と違って、後進諸国を舞台にした「第二の波」の諸革命は、単にブルジョア民主主義革命段階で完結することができないだけでなく、たとえ社会主義革命に至ったとしても、一国では完結できないという根本的な制約条件を抱えています。これはトロツキーが何度も力説したとおりです。それは最終的には先進国革命によって補完されなければなりません。それが一九一七年革命後の最初の高揚期には達成できませんでしたが、それでもその後もロシアの周辺において繰り返し革命的危機が起こり続け、ロシア革命の革命的インパクトを証明し続けます。

一九二三年のドイツにおける革命的危機、一九二六年のイギリスのゼネスト、一九二六～二七年の第二次中国革命、一九三六年のフランス人民戦線、一九三六～三九年のスペイン革命と内戦、等々です。最終的にこれらの革命的激動はすべて敗北に終わりますが、その結果は、それぞれの国の歴史的条件の違いによってかなり異なります。すでに「上からの革命」を経ていて、一定のブルジョア民主主義体制が長期間存在していたヨーロッパ後発国であるドイツとイタリアにおいては、中間的で不安定なブルジョア民主主義体制が一定期間存続した後に、下からの陣地戦的反動としてのファシズムが成立し、それ以外のより後発的ないし後進的な諸国では、上からの機動戦的反動としての軍事独裁が成立するというように、です。

同じ後発国でも、「第一の波」の衰退期にすでに「上からの革命」ないし「受動的革命」がなされていたドイツとイタリアのような国では、民主主義的要素や労働者運動の強固な基盤が市民社会に広く根づいていたために、下から、これらの労働者的陣地、民主主義的陣地を少しずつ暴力的に解体していくというやり方でしか、社会主義革命の脅威を取り除くことはできませんでした。またこれらの国では、第一次世界大戦の破壊的影響がより深刻であっただけでなく、永続革命の軌道が絶たれたことによる社会的危機もいっそう深刻であり、したがって下からの擬似革命というやり方で大衆を動員することが必要でした。この両方があいまって、下からの陣地戦的反動としてのファシズムが優勢になったのです。したがって、ファシズムという現象に関しても、永続革命の時代としてのこの「第二の波」の中に位置づけることによってこそ、その歴史的意味を本当に理解することができるのです。

第二次世界大戦と戦後革命

こうして、ロシア革命後におけるヨーロッパ諸革命が敗北したことによって生まれたファシズムとそれ以外の帝国主義諸国の思惑とを主要な原動力として、一九三九年についに第二次世界大戦が勃発します。言うまでもなく、それ以前から、遅れてやってきた日本帝国主義がアジア諸国を思うままに蹂躙していました。

第二次世界大戦はしたがって、「第一の波」の余波の最終的で最も反動的な帰結（ドイツ・ファシズムと日本軍国主義）と、「第二の波」の最初の頂点とその拡大の挫折の反動的帰結（ドイツ革命の挫折と中国革命の敗北）とが交差した結果として起きたものと理解することができます。それは、第一次世界大戦のように、「第一の波」の最終局面における帝国主義諸国間のヘゲモニー争いの直接的帰結として生じたのは根本的に異なります。第二次世界大戦は、「第一の波」終了後の反動的余波と「第二の波」の初期段階との複雑な交差の中で生じたのであり、それゆえ、そこにはもちろん、世界的覇権を目指す列強諸国間の帝国主義戦争という、第一次世界大戦と共通する側面があるわけですが、それに単純に解消できない諸側面が存在するということになります。

いずれにせよ、第二次世界大戦の結果として、あるいはナチスや日本軍国主義からの解放過闘争の中で、戦後に多くの国で再び革命ないし革命的激動が生じます。これがいわゆる「戦後革命の時代」です。

まずもって、しばしば忘れられがちなことですが、ドイツのナチス独裁、イタリアのファシスト独裁、日本の軍国主義体制が打倒されて民主主義政体が生まれたこと自体が革命的であり、とくに日本の場合は農地改革をはじめとする一連の戦後改革は、社会革命的なものであって、中途半端なブルジョア民主主義革命を補完する第二の民主主義革命でした。それはただちに労働運動の大規模な発展をもたらし、反占領・反資本主義的傾向を帯びます。そして言うまでもなく、世界最大の人口を持った中国における第三次中国革命の勝利（一九四九年）は、一連の戦後革命の中で最も巨大なインパクトを持った勝利です。それ以外にもユーゴスラヴィアやアルバニアでの社会主義革命、東欧諸国における赤軍による「外からの革命」（しかし、しばしば国内におけるレジスタンスの闘争や労働者階級の決起を伴っていた）、さらに敗北したとはいえギリシャの内戦（一九四六〜四九年）、イタリアとフランスにおけるレジスタンスの勝利と共産党の政権参加、イギリスにおける労働党の地すべり的大勝（一九四五年）とアトリー政権下における体系的な福祉国家政策の導入、一九五〇年の朝鮮戦争へと行き着いた朝鮮革命、あるいはまた、ベトナム共産党主導のもとでのベトナムの独立（一九四五年）、インド国民会議派によるインド独立（一九四七年）を筆頭とする旧植民地諸国のあいつぐ独立、等々です。

この一覧を見てもわかるように、この戦後革命も十分に世界革命と呼びうる規模と広さを持っていたことがわかります。もちろんこのとき権力についた共産主義勢力の多くは最初からスターリニズム的歪曲を伴っており、ソヴィエトのような労働者の民主主義的自己統治機関を備えていないものでしたが、それでも、この戦後革命の結果として、ロシア一国に封じ込められていた労働者国家はその限界を突破して一個の世界体制になることができました。これが「第二の波」の第二の頂点をなします。

第三の中間的高揚と永続革命の周辺的波及

この戦後革命は結局、スターリンによる干渉や冷戦体制への突入（トルーマン・ドクトリン）、先進資本主義諸国での反共弾圧によって終息します。しかし、その後、主として周辺地域において、第三の中間的高揚が訪れます。あちこちで革命が勝利する場合もあれば、敗北する場合もあるという状況です。勝利した革命として最も重要なのは、言うまでもなく、一九五九年のキューバ革命です。これも典型的に永続革命的軌道をたどりました。最初はバチスタ独裁政権の打倒と民主化の徹底という段階から始まったこの革命は、カストロ政権の急速な左傾化を通じて主要産業の国有化へと行き着き、アメリカ帝国主義および多国籍資本との根本的な敵対関係に入ります。後発資本主義国において、あるいは対米従属下にある第三世界諸国にとって、革命を本当の意味で成し遂げるには、結局、社会主義革命にまで至らざるをえないという永続革命的な発展力学が働き、カストロとチェ・ゲバラの政権がその論理に逆らうのではなく、それを進んで遂行することで、同一の政権下で、この永続革命的軌跡が成立したのです。これは、永続革命を基調とする「第二の波」が、ユーラシア大陸という限界を越えて、ついに太平洋の向こうのラテンアメリカにまで至ったことを示すものでもあります。

しかし、これもラテンアメリカ全体に広がることで初めて完結しうる国際的革命でしたが、他のラテンアメリカ諸国では多くの国で革命運動が弾圧され、鎮圧されていき、どの国でもアメリカにバックアップされた軍事独裁政権が成立していきます。その中でも、特に重要なのがボリビア革命の敗北です。ボリビア革命はキューバ革命よりも早い一九五二年に起こっています。革命政権は一定の民主化措置を導入しますが、後のカストロ政権と違って永続革命的軌道を自ら取ろうとせず、結局、一九六四年に軍事クーデターによって崩壊してしまいます。その後、ご承知のように、ゲバラの指導の下でゲリラ闘争が行なわれますが、キューバのように農民は立ち上がらず、ゲバラは一九六七年にボリビア軍につかまって銃殺されます。ボリビアはその後も政権の左傾化と軍部によるクーデターとを繰り返しますが、この過程は、後発資本主義国においては永続革命として勝利するか、中途半端にとどまって結局、軍事クーデターによって粉砕されるかという二者択一が厳然と存在していることを改めて示すものです。この事実は、後のチリ革命によって再び悲劇的に確認されることになります。

アジアではどうかと言うと、ベトナム侵略に抗する北ベトナムと南ベトナムの民族解放勢力によるベトナム革命の進展、および全体としてインドシナ革命の発展が見られた一方で、インドネシア革命は最も残酷な形で挫折します。一九六五年における悪名高い九・三〇事件によって五〇万人以上もの共産党員と支持者が殺されるという事態になりました。

アフリカでは、ベトナム戦争のアフリカ版とも言えるアルジェリア独立戦争がフランス帝国主義とアルジェリア民族解放勢力との間で戦後ずっと繰り広げられ、これは最終的に一九六二年にアルジェリアの独立勢力側の勝利で終わり、ベン・ベラ政権が成立します。それ以外にもアフリカ各地で独立運動が起こり、その少なからぬ政権は社会主義を標榜しますが、しばしば軍事クーデターによって挫折したり（たとえば一九六六年のガーナ）、その政権自身が腐敗して単なる独裁利権集団と化したりして、混迷した状況が起こります。

ソ連圏でもこの時期、スターリニズム体制の民主化を求めるさまざまな動きが起こっており、その中でも最も重要なのは言うまでもなく一九五六年のハンガリー事件ですが、これは、結局、ソヴィエトの戦車によって粉砕されます。しかしこの事件は周知のように、フルシチョフ秘密報告の衝撃と並んで、世界的に左派の間でスターリニズムに対する批判と離反の大規模な動きをもたらします。スターリニズムの呪縛が解かれ、ロシア革命の生命力が再び活性化し、若い世代の急進主義に火をつけるわけです。

このように、周辺地域を中心にさまざまな勝利と挫折が交差しあっているのがこの中間的高揚期です。多くの敗北が見られたとはいえ、この時期は後の衰退期とは違って、全体としてはやはり上げ潮の中にあり、永続革命の波がしだいに周辺部に広がっていく過程として総括することができます。

一九六八年革命ー最後の頂点

そうした中で、ついに一九六八年（およびそれを中心とする数年間）には、周辺部だけでなく中心諸国たる先進資本主義諸国で大規模な革命的動きや学生の反乱が起こり、さらに東欧でもチェコスロバキアの「プラハの春」に見られる大衆的な民主化の動きが起こります。一〇〇〇万人もの労働者がストや工場占拠に決起したフランス五月革命、一九六九年のイタリアにおける「熱い秋」、メキシコのトラテロルコ事件（学生・労働者による反政府集会が警察と軍によって弾圧されて数百人の死者を出した事件）などを中心として、ヨーロッパ、アジア、アメリカ、ラテンアメリカ、東欧、などで同時多発的に革命的な運動が高揚しており、まさに世界革命と呼べるような規模と広がりを持った動きが起こります。これが「第二の波」の第三の最後の頂点を飾る事態です。

この運動の中ではさまざまな思想的背景を持った人々や新たな運動主体が登場しますが（とくにフェミニストや公民権運動）、それでも主として運動の中心を担ったのは、ロシア革命に鼓舞された人々でした。反スターリニズムを標榜する新左翼であれ、共産党系や社会党左派の労働運動や学生運動であれ、彼らはみな基本的にはロシア革命から延びる歴史の赤い糸を引き継ぐ人々であり、大なり小なりロシア革命の理念やレーニン主義に鼓舞され、ある程度それを規範として運動の中心を担ったわけですから、この一九六八年革命は、ロシア革命を中心とする「第二の波」の最後の頂点をなすものであると言うことができます。

この一九六八年革命は次の三つの点で、これまでの大小さまざまな革命的動きと異なります。まず第一にこれは何よりも先進資本主義国の中心部で起こった革命だということです。ヨーロッパの東方にある帝政ロシアで起こった世界革命の「第二の波」は、中国革命、キューバ革命、ベトナム革命、アルジェリア革命というようにヨーロッパの周囲をぐるっと一周して、ついにヨーロッパ（および日本の）先進資本主義国の中心地に到達します。そして、何よりも、「第一の波」の時代においては常にその革命的震源地であったヨーロッパ中心部のフランスにまで至ったのです。それは、後進国から先進国へと革命の波が波及していく最後の試みでした。

第二に、この革命の中心を担ったのは、必ずしもスターリニズムの直接的系譜を引く人々ではなく、その多くが、同じロシア革命とレーニン主義に（あるいは毛沢東主義に）鼓舞されていたとはいえ反スターリニズムの系譜に属する人々（元々、正統派に属していた場合も含め）であったということです。

第三に、先進資本主義国における反資本主義的革命の動きと連動して、東ヨーロッパ、とくにチェコスロバキアにおいて、トロツキー流に言えば「反官僚政治革命」が同時進行的に起こっていたことです（どちらにおいても知識人や若者が中心でした）。

しかしながら、この最後の頂点は結局勝利することなく、挫折するに至ります。その原因はいろいろでしょう。それだけ先進資本主義体制の基盤ががっちりしていたからでもあるし、また新左翼系の対抗勢力が単純な機動戦に終始し、グラムシの時代以上に有機的な支配体制を社会の隅々にまで作り出している敵に対して正面突撃を繰り返してははじき返されてしまったこと、中心を担った学生活動家たちが労働運動に根づくことができなかったこと、などなどです。東欧においても反官僚革命は、ソ連による戦車部隊の導入によって粉砕されます。

いずれにせよ、この最後の頂点が敗北に終わったことで、ロシア革命を震源とする世界革命の「第二の波」はついにそのエネルギーをしだいに使い果たし、衰退期へと突入していきます。この意味でこの一九六八革命はちょうど、「第一の波」において最後の頂点をなす一八四八年革命と共通しています。どちらも、それぞれが属する大きな波の最後の頂点をなし、その後の衰退期への境目をなすものでした。そしてどちらにおいても、革命は各国の諸社会を広く揺るがしましたが、どの国ないし地域においても勝利に至らないで終わった「勝利なき革命」でした。しかしそれと同時に、その革命の担い手の一部に、次の時代の波の主役を演じうる人々を深く内包していた革命でもあります。一八四八年革命においては労働者階級と社会主義者がそうであり、一九六八年革命においては、フェミニストや公民権活動家、あるいは「新しい社会運動」の担い手たちがそうです。

衰退期における攻防

一九六八年革命の余波はそれ以降もしばらくは続きますが、一九七〇年代は、再び勝利と敗北、前進と挫折の複雑な過程を示します。一九七〇年代前半に起こったドル危機と石油危機は、当時におけるケインズ主義的資本主義の行き詰まりを劇的な形で示し、先進資本主義諸国の政治的急進派や労働運動に大きな期待を抱かせましたが、運動は思ったほど前進せず、あちこちで支配層との激しいせめぎあいの中で膠着状態に陥ります。そうした中で、新左翼の一部はテロと暴力に走り、それが運動全体を社会から孤立させ、その孤立がなお一部の急進主義者の振る舞いを過激化させるという悪循環をもたらしました（この過程がいちばんひどかったのは言うまでもなく日本です）。そのせいもあって、一九七〇年代後半から急速に学生は保守化し、六八年革命の中心舞台であった大学はしだいに平穏な場となっていきます。

他方で、その間に、ベトナム戦争の完全勝利があり、これは一九六八年革命の余波の中で最大の勝利でしたが、それと同時に、六八年革命の最も重要な構成要素であったベトナム反戦という共通の旗印がなくなります。チリではアジェンデが勝利してチリ革命（一九七〇〜七三年）が起こり、それは明らかに永続革命的軌跡をたどり始めますが、その方向性が十分に追求されず、結局、ピノチェトによる軍事クーデターで幕を閉じ、キューバを除いてラテンアメリカで最も強力であった共産党と社会党が血の海に沈められます。一九七四年に起こったポルトガル革命も永続革命的軌跡をたどりますが、これも途中でブレーキがかかります。一九八一年に中米のニカラグアで革命が勝利し、それはおおむね永続革命の軌跡をたどる形で勝利を収めますが、それはその種の革命としては最後のものとなります。ほぼ同時期に起きた中東のイラン革命（一九七九年）は、きわめて急進的な反帝国主義的革命であったにもかかわらず、永続革命の軌跡をたどらず、イスラム原理主義という別のオルタナティブに回収されていったのは、その地域における地理的・文化的理由に加えて、「第二の波」のエネルギーがすでに枯渇しつつあったからでもあります。

それ以外にも、中国の文化大革命が無残な失敗であったことが明らかになったり、東南アジアではポルポトによる大虐殺が明るみに出て、毛沢東主義に入れ込んでいた先進国左翼のかなりの部分に致命的な打撃を与えます。さらにソ連のアフガニスタン侵攻とその泥沼化があったのもこの時期です。

ソ連国内においても、スターリン時代にその基礎が構築された指令的な計画経済は、重厚長大型の製造業の時代においては一定の有効性を持ち、ソ連の持続的な経済成長をもたらしましたが、世界の趨勢が重厚長大型の産業から軽薄短小型の経済へと移行する中で、経済停滞を余儀なくされます。アフガニスタン侵攻とその泥沼化はソ連経済をいっそう停滞させ、人心を離れさせます。

新自由主義的反革命の開始とソ連・東欧の崩壊

こうした中で、先進国では一九八〇年前後からついにサッチャーのイギリスとレーガンのアメリカのもとで新自由主義的反革命が発動されるに至ります。一九六八年革命が勝利にまで至らず、一九七〇年代における激しいせめぎあいの中で徐々に支配層がその地盤を回復しはじめ、逆に伝統的左翼と急進左派のほうがしだいにその地盤を後退させていく中で、一気に階級的力関係の回復をめざしたのが新自由主義的反革命でした。この過程は、一九七〇年代に（日本を除く）先進資本主義諸国で支配的となった社会民主主義的（ないし社会自由主義的）な諸政権が資本主義の構造的危機に十分に対処しきれず、危機を亢進させたことによっても促進されました。

一九八〇年代における新自由主義的反革命は、一九六〇年代、七〇年代と続いてきた、社会的平等の追求、労働者の団結と連帯、弱者の保護と救済、公的福祉や公的セクターの充実と拡大といった政治的・経済的・文化的な流れを一気に逆転させることを狙った大々的な階級的プロジェクトでした。これは単に市場化や規制緩和といったレベルのものではなく、大資本と国家とマスコミの側が用意周到に準備し計画的に遂行した階級戦争でした（たとえば、一九八四年のイギリス炭鉱ストでは、労働者のピケ隊と警官隊とが激しく衝突し、小規模な内戦の様相を呈した）。

大ブルジョアジーや金融資本がこの反革命の最大の推進力となったのですが、これは一八四八年革命後における「上からの革命」の時期と好対照をなすものです。当時にあっては、ブルジョアジーは君主制と妥協しつつも、それでも一八四八年革命のいくつかの残された課題を追求していました。しかし、一九八〇年代における「上からの反革命」ではブルジョアジーはもはやいかなる進歩的役割も果たさず、歴史の歯車を逆方向に回すことに専念したのです。

この衰退期の最終的な到達点が、言うまでもなく、一九八九〜九一年におけるソ連・東欧の崩壊です。一九八〇年代後半におけるゴルバチョフのペレストロイカは一時的に現存「社会主義」の再生への期待を世界的に広げますが、この改革はすでに遅きに失していました。世界的な革命的高揚期にこのような改革が起きていたなら、それは明らかに新しい社会主義の再生に向かったでしょうが、最後の革命的高揚が敗北し、新自由主義的反革命が支配的になっている時代の中で起こったこの改革は、改革を開始した人々の思惑に反して、資本主義の復活へと行き着いたのです。共産党の政権が残っている中国でも、事実上、資本主義への内的転化の過程がこの時期に急速に進行します。

ロシア革命を起点とする巨大な永続革命の波はこうして、何度となく先進資本主義諸国の屋台骨を揺るがしながらも、結局、それを倒すまでには至らず、トロツキーが一九〇五年革命の頃から予言していた、ヨーロッパ革命の勝利なしにはロシア革命は遅かれ早かれ崩壊するという事態が実現するに至ったのです。

この事態はトロツキーの予想よりもはるかに時期的に遅くなりましたが、そうなったのは、ロシア革命のインパクトによるヨーロッパ革命の成否というものが、一九〇五年時点やあるいは一九一七年時点で予想可能であったよりもはるかに複雑で、はるかに不明確なものだったからです。それは、ロシア革命を最終的に救済することができるようなヨーロッパ社会主義革命の明確な勝利をもたらさなかった代わりに、ロシア革命を早々に崩壊させるほどヨーロッパ資本主義にインパクトを与えなかったわけでもなかったのです。それは繰り返しヨーロッパ資本主義の屋台骨を揺るがし、その中に革命の種を大量に蒔き、芽吹かせ、かなりの程度成長させることに成功しました。現実は、ヨーロッパ革命の勝利によるロシア革命の救済か、ヨーロッパ革命の敗北によるロシア革命の崩壊かという単純な二者択一の線で進んだのではなく、両者の中間の道をジグザグしながら、時に前者に接近し、時に後者に接近しつつ、実に長い時間をかけてついに後者に収束するに至ったのです。

5、ロシア革命の世界史的意義

以上見たように、フランス革命が「第一の波」の中心的革命であり、そのインパクトの拡散とその終息を通じて「第一の波」を構成したように、ロシア革命は「第二の波」の中心的革命であり、そのインパクトの拡散とその終息を通じて「第二の波」を構成してきました。それを踏まえて、ロシア革命の世界史的意義について改めて確認しておきたいと思います。

二重の世界史的意義

まずこのロシア革命は二重の世界史的意義を持っていたと思います。第一に、周辺国ないし植民地諸国においては、下からの近代化、民主主義化の過程を可能としたことです。この過程が勝利の軌道を描いた場合には、すでにこれまで説明してきたように、社会主義革命と必然的に結合するに至りますし、革命が敗北した場合には軍事独裁に至りますが、たとえそこまではっきりとした帰結に至らなくても、さまざまな形で下からの近代化を進めていくエネルギーを世界の諸民族や各植民地に供給する役割を果たしました。第二に、ロシア革命という外的なインパクトを通じて、あるいはそれに鼓舞された各国内の社会主義者や共産主義者による闘争を通じて、中心部たる欧米社会それ自身においても何らかの社会主義的な要素を大なり小なり資本主義のうちに取りこむことを余儀なくしました。その典型がヨーロッパ諸国における福祉国家化であり、またそれよりも小さい程度ですが、アメリカやこの日本での準福祉国家化です。

もちろん、福祉国家成立の要因をロシア革命のインパクトだけに求めることはできませんが、しかしそれでもロシア革命およびそれが生み出した共産党や社会党左派や労働運動の能動的役割を抜きにして福祉国家化について語ることはできないでしょう(5)。従来、西欧諸国における福祉国家化は、左派からは、社会主義革命を阻止し労働者階級を資本主義に統合するものであると批判されてきました。たしかにそういう面はあるのですが、逆に言うと、福祉国家化を進めないかぎり社会主義革命を阻止できないということでもあります。

以上の二重の意義はどちらも実は、「第一の波」終了後のブルジョアジーがもはやそれ単独では民主主義も社会的統合も進化させることができないということ、つまり、世界の民主主義的・文明的レベルを周辺に広げたり、あるいは中心部でより高めるためには、労働者階級の独立した闘いと権力への参画が必要になったということの異なった現われであったと言うことができます。

周辺ないし半周辺諸国においては、労働者階級とその政治的代弁者たちは、いまだ達成されていないブルジョア民主主義革命の諸課題の持つ巨大な重みとその実現を希求する農民・小ブルジョア階級の巨大なエネルギーとを受けて、またそれに抵抗するブルジョアジーの階級的脆弱さのおかげで、ブルジョアジーの権力そのものを打破して社会主義革命へと突き進むことができ（永続革命）、中心諸国においては、基本的な民主主義革命の課題が達成されているために、ブルジョアジーの権力そのものを打破するほどのエネルギーはないし、またそれに対するブルジョアジー階級的抵抗力も十分大きいが、それでも労働者階級の下

註

（5）日本における共産党系の福祉国家グループ（「ポリティーク」派）はしばしば、ヨーロッパ諸国における福祉国家化を、第一次世界大戦において総力戦体制を構築して国民統合を進めるためのものであったと説明しているが、これはまったく一面的である。そもそも下からの階級闘争が盛り上がることがなければ、そもそも「国民統合」のための福祉国家化など必要ない。たとえばイギリスにおける最初の福祉政策の導入は第一次世界大戦よりかなり以前の一九〇八年のアスキス自由党内閣の社会改革にまでさかのぼるが、それを支配層に押しつけたのは労働党を先頭とするイギリス労働者階級の闘争であり、これは一九〇五年の第一次ロシア革命の影響を受けてのものだった。現在の安倍政権の動向を見てもこのことは明らかである。安倍は憲法を改悪して日本国民を帝国主義に動員しようとしているが、福祉国家化を進めていないだけでなく、ますます新自由主義化を進めている。「ポリティーク」派の最大の問題はその過度に統合主義的なアプローチにある。ヨーロッパにおける福祉国家は労働者階級を全体として統合するためであり、戦後日本の年功賃金や終身雇用も労働者を企業ごとに統合するためであり、一九七〇年代以降の日本の「開発主義」も農村を統合するためであり、等々、等々。こうして彼らは支配層の側からの「統合」という目的因をもっぱら主軸にして事態を説明しようとする。もちろん、それらの政策にはそうした統合的側面があるのはたしかだが、それ以上に階級闘争を通じてそうした統合形態を余儀なくさせた側面もあることを強調しなければ、一面性のそしりを免れないだろう。

からの圧力と権力への参加（基本的には社会民主主義政党を通じて）を通じてようやく、民主主義と社会的平等の水準を高めることができた（福祉国家化）ということです。

そういう意味では、周辺部における「永続革命」と中心部における「福祉国家化」とはどちらも、「第一の波」終了後におけるブルジョアジーの保守化・反動化と、進歩の担い手としての労働者階級の登場とその中心化という同一の過程の二つの異なった現われであったと言うことができるでしょう。

現代文明の「洗礼盤」

有名な一九三二年のコペンハーゲン演説の中で、トロツキーは、「いくつかの点では近代文明の全体がフランス革命の洗礼盤から出現した」と述べています（トロツキー『ロシア革命とは何か』光文社古典新訳文庫、二四八頁）。フランス革命が近代社会の基礎をヨーロッパにおいてつくり出したとするなら、ではロシア革命はどうだったかというと、それは単に、近代社会の恩恵を周辺後発国や植民地諸国に広げる役割を果たしたというだけでなく、それにプラスアルファして、社会的平等を重視する現代社会の基礎をつくり出したと言うことができるでしょう。

単なる市民的自由や抽象的個人の諸権利の水準を超えて、現実に存在する階級・階層・ヒエラルキーの構造を踏まえた諸権利と生活保障を実現する社会の基礎を与えたのです。そうした諸権利・諸保障のなかでもとくに重要なのが、労働者・農民などの勤労者の権利です。勝利したソヴィエト国家が最初に出した宣言が「勤労者の権利の宣言」でした。これはフランス革命が「人権宣言（人間と市民の権利の宣言）」を出したことを踏まえたものです。フランス革命では、すべての人の権利の平等が謳われましたが、実際には、そこでいう「人間」は英語で言えば「メン（Men）」、フランス語の原文では「オム（Homme）」であり、どちらも「男性」を意味する言葉でもあります。そこでは、事実上、「市民」から排除される人々、底辺労働者や女性や外国人は権利の主体からはずされていました。しかし、ロシア革命は真っ先に「勤労者の権利の宣言」を出し、さらに労働者と農民の権利だけではなくて、貧困者の権利、女性の権利、ユダヤ人をはじめとする少数人種・民族の権利を宣言しました。さらに反帝国主義と植民地解放と民族自決権の推進を宣言し、戦争の即時停止と平和の権利、公的な生活保障と公的な教育の権利を高らかに謳いました。

もちろん、その後、ソ連はスターリニスト的に堕落しますから、その過程で、これらの諸権利の多くは制限されたり、形骸化されたり空洞化されたりします。その点はみなさんもご存知のとおりです。しかしそれでも、こうした社会的平等と社会的権利の呼びかけは全世界で熱烈に歓迎され、世界中の人々に、帝国主義に成り上がるのでも自国の古い社会に引きこもるのでもない第三の道を指し示し、世界全体を根本的に作り変えるうえで決定的な役割を果たしたのです。

「近代」社会から「現代」社会へ

ロシア革命のインパクトの大きさを理解するためには、ロシア革命以前の世界がどのようなものであったかを改めて思い起こす必要があります。帝国主義本国においてさえまともな社会福祉も女性の参政権もなく、ユダヤ人や有色人種をはじめとする少数人種・少数民族は過酷な差別と抑圧のもとにあり、同性愛は犯罪でした。労働者の権利についても、国内ですでに社会民主党や労働運動が相当に強力であった一部の国を除けば、労働者は過酷な搾取と暴力にさらされていました。そして、その帝国主義は世界の弱小民族・国家に問答無用で侵略と砲艦外交を展開し、可能ならば力づくで、そうでなければ他のあらゆる手段を行使して、植民地や半植民地を広げていました。そしてこれらの国が支配する植民地や半植民地では、本国にあるような一定の民主主義も労働者の権利さえなく、徹底した搾取と抑圧と暴力が支配していました。

ですから、現在のわれわれが知っているような現代文明とはおよそ違った世界が広がっていたのです。それに対して、ロシア革命は、底辺の労働者や農民も女性や植民地人民も人間であって、彼ら・彼女らには人間としてのあらゆる尊厳をもって生きる権利があることを謳いました。そのことをはっきりと革命の言葉として、ひとつの国家の正式の言葉として全世界に向けて発し、さらにその実現に向けて世界中に共産党やその他さまざまな組織を結成して実践していったのです。

こうしてロシア革命のインパクトとそれに鼓舞された人々の下からの地道な闘争があいまって、さらにはファシズムと第二次世界大戦を含む血みどろの試練を経て、ようやく「近代」社会は、それなりに社会的平等と社会的権利を重視する「現代」社会へと姿を変えていったのです。

よく帝国主義の正当化論に、進んだ近代文明の恩恵を遅れた諸民族に与えるというのがありますが、実際にはそれをなしたのは帝国主義ではなく、ロシア革命とそれに鼓舞された民族解放運動だったのです。帝国主義は後進諸民族に近代文明の恩恵を与えたのではなく、むしろしばしば古い文明を温存強化し、自分たちの帝国主義的文明のための肥やしにしただけでした。

ソ連・東欧崩壊後の世界

われわれはロシア革命がもたらしたこうした恩恵を今でも受けているし、各地で新自由主義者や宗教原理主義者からの攻撃を受けているとはいえ、それでもその成果は完全には失われていません。こうした攻撃を受けているという事実そのものが、これらの成果がまだ完全には失われていないことを示すものでもあります。

むしろ、ソ連・東欧崩壊後に資本主義世界で急速に進んだ新自由主義的野蛮化の過程は、ロシア革命の規範的意義を逆照射するものであったと私は考えます。非常に逆説的なことに、ソ連・東欧が崩壊し、資本主義世界システムにとって自らを律しなければならない対抗物がなくなったことによって、むしろ資本主義システムの進歩的生命力もまた枯渇していきました。このシステムの支配層たちは、野放図に労働者の権利や社会福祉に攻撃を加え、「自己責任」と「自立自助」という一九世紀的・マルサス的規範を平然と唱えるようになりました。

同じような過程は社会民主主義政党にも見られました。かつてソ連・東欧が健在で、共産党が強かったころは、社会民主主義勢力は共産党との対抗上、完全雇用や福祉国家的政策を強く主張する必要がありましたが、ソ連・東欧の崩壊後、多くの社会民主主義勢力は新自由主義化し、保守・右派勢力の極端な新自由主義に対する温和な新自由主義を唱える立場へと後退しました。

ソ連・東欧が崩壊した直後に、有名な話ですが、フランシス・フクヤマという人が「歴史の終焉」という本を書きましたけれども、それはある意味象徴的であって、資本主義がその発展過程の中で、一定の進歩的な役割を果たしたり、あるいはソ連圏や国内共産主義勢力との対抗上、進歩的な措置を取らざるをえなかったりするような、そういう「歴史」が終焉したということを示していると言えます。

このような、資本主義と社会主義との対抗の「歴史」、資本主義が「人間の顔」をすることを余儀なくされていた「歴史」が終焉した結果、世界的な対立図式は一時的であれ、野放図な新自由主義的グローバリゼーションか、宗教原理主義的ないし民族排外主義的な復古主義的保護主義かという、どちらに転んでも絶望的な二者択一が広がっていくことになりました。このことは、ロシア革命の持っていた規範力というものを逆の側から示しているのではないでしょうか。

6、「永続革命の時代」の終焉と二一世紀の展望

最後のテーマに入ります。すでに述べたように、「永続革命の時代」としての「第二の波」

は、同時に「（周辺部における）永続革命と（中心部における）福祉国家の時代」でもありました。したがってその終焉は、周辺部においては永続革命という活路が絶たれて、多国籍資本による露骨な搾取と略奪、あるいは宗教原理主義がはびこるようになり、中心部では、新自由主義的野蛮が席巻し、福祉国家が危機に陥っています。そして、労働者国家という規律的な対抗軸を失った世界資本主義は、金融化と新自由主義的グローバリゼーションとして暴走し、人類と地球の寿命を容赦なく縮めています。では、ロシア革命を最初の頂点とするこの「第二の波」の終焉後に続く、何らかの革命の「第三の波」というものがあるのでしょうか？　もしあるとしたら、それはいったいどういう性格のものであり、何を基軸とするものでしょうか？

理論的予測

まずもって、非常に単純である種ヘーゲル的な図式主義になりかねませんけれども、ひとつの理論的予測として、次のような三段階発展の構図を描き出すことができるかもしれません。

まず第一段階が、欧米先発国を中心とした「ブルジョア革命の時代」であり、これが一八世紀から一九世紀にかけての時代です。この中心を担ったのがフランス大革命であり、そのインパクトが、さまざまなジグザグや部分的後退や一時的逆転を伴いながらも、フランスからヨーロッパ全土へと広がっていく過程がこの「第一の波」です。これは、欧米の先発資本主義諸国に近代民主主義社会、近代文明をもたらし定着させていく役割を果たしましたが、後発国に対してはそうではなかったし、逆に欧米先進諸国の帝国主義化を通じて、文明ではなく野蛮を後発国や植民地諸国に輸出することになりました。

そこで、第二段階として、後発周辺諸国と植民地諸国を中心とした「永続革命の時代」が二〇世紀に訪れることになります。後発国では、近代社会の実現という課題がすでにそれ自体としては完結することができずに、社会主義革命へと連続する（あるいはより正確に言えば複合する）という永続革命の軌道をたどる必然性を持っていました。これが勝利の帰結へと至れば、社会主義革命に至ることができます。中心部では労働者政党の参加にもとづく持続的な福祉国家化が実現します。

では、この二つの段階に続く第三段階はいかなるものなのになるでしょうか？　まず第一に、この二つの大きな波を通じて、世界の資本主義化が基本的には完了しています。資本主義にとっての残るフロンティアはアフリカだけですが、アフリカでもかなりの部分で資本主義化が進んでおり、ナイジェリアなどでは大規模な経済成長とビル建設ブームが起こり、あるいは欧米の多国籍大資本や中国の国家資本による大規模な資源略奪や農地囲い込み（ランドグラブ）が起こっています。第二に、中心部では資本主義の繁栄と労働者階級の絶えざる地位向上との麗しい共生関係が崩壊し、周辺部では露骨で一九世紀的な略奪と搾取が広がり、世界的な貧富の格差と環境破壊はかつてなく巨大な規模で進行しています。このような、世界の大部分での資本主義化の完了と世界資本主義の危機の深化を前提とするならば、想定される第三段階は、世界全体、とりわけその中の先進資本主義国を（再度）中心とした「反資本主義革命の時代」を展望することができるだろうと思います。

すなわち、欧米先発国を中心とする「ブルジョア革命の時代」→周辺国と植民地国を中心とする「永続革命の時代（つまりブルジョア革命と社会主義革命との複合革命の時代）」→欧米資本主義国を再度中心とする「反資本主義革命の時代」という三段階論です。

歴史的矛盾と新しい転換

しかし、以上はあくまでも理論的予測であって、世界の現実は、ヘーゲルであれマルクスであれ、誰かの先験的な理論的予測どおりには絶対に進まないものです。現実においては、社会主義的な意識・展望の大幅な後退が見られるのは、みなさんもご存知のとおりです。しかし他方では、資本主義それ自身の危機・行き詰まりというのは非常に深刻化しており、かつてない規模にまでなっています。この資本主義の行き詰まりということに関しては、すでに今日では社会主義者でなくても多くの人が感じており、そのように発言しています。このままこの略奪的資本主義が発展していけば地球も人類も大変なことになるという意識は、経済学者の間でも、自然科学者の間でも、かなり顕著になっており、多くの人々がそのことに警鐘を鳴らしています。

しかしながら、その打開の道を社会主義に求めるという人々はまだ圧倒的に少数であり、とくに日本ではそうです。主体的意識と客観的条件とのこの歴史的矛盾はきわめて深刻なものになっています。これが今日の時代的特徴です。

しかし、少し明るいニュースもあって、アメリカのある反共団体が毎年米国民の反共意識調査をやっているのですが、いちばん最近の調査で、いわゆるミレニアル世代では引き続き資本主義国に住みたいと答えた人々（四二％）よりも社会主義国で住みたいと答えた人の方が多かった（四四％）という結果が出ています。また三七％がアメリカの経済制度の全面的な変革を支持しています。これは単なる一調査ですが、アメリカのサンダースやイギリスのコービンを支持しているのは圧倒的に若者です。ヨーロッパやアメリカでの集会の模様を写真や動画で見ても、若者が非常に多く、女性の比率も高く、また人種的にも多様です。

これらの世代が成人したときにはとっくにソ連も東欧もなく、彼らが知っている悲惨さ、彼らが知っている抑圧とは、資本主義の悲惨さであり、資本主義の抑圧なわけです。だから社会主義や共産主義の「妖怪」を振り回しても、説得力がありません。また「社会主義」から資本主義になった国々の民衆が経験した悲惨さや、それらの国家のあいもかわらぬ抑圧ぶり（典型的にはプーチンのロシア！）は、資本主義化すれば民主主義が開花するというのがかなり眉唾の話であることが多くの人に知られるようになりました。もちろん、だからといってアメリカで社会主義革命が迫っているとかいう話では全然ないんですが、しかし、そういう兆候がはっきりと現れているというのは重要なことだと思います。

とくに二〇〇八年の世界金融恐慌と二〇一一年のグローバルな対抗運動——アメリカのオキュパイ運動、ヨーロッパにおけるインディグナドス（怒れる者たち）の運動、「アラブの春」、日本の反原発運動、等々——は世界的な転換点になったと思います。

未決定な未来と歴史的選択肢

二一世紀が本当に、この理論的推論どおりに「反資本主義革命の時代」になるかどうかは、今後の展開と主体的努力しだいであります。未来というのはいい意味でも悪い意味でも決定されていない。というよりも、「未来」というのはこの時点ではまだ存在していないわけで、存在しているのは今のこの現在だけです。まだ存在していない未来を、とくに一〇〇年単位の大きな流れを正確に見通すことは基本的に不可能なことです。それが結局どういうものになるのかは未決定なのであって、未決定であるということは逆に言えば、われわれ自身の働きかけそれ自体が未来を決定する重要な要因になるということを意味します。

もしかしたら、われわれの努力が弱くて、あるいはさまざまな事情が絡み合って実を結ばず、新自由主義的野蛮がこのまま世界を支配し続けて、地球がぼろぼろになるまで、文字通り人類の存亡が問題になるまで、資本主義的搾取と略奪の体制が続くかもしれません。あるいは、われわれの努力が実って、地球が限界に達するずっと以前に、資本主義を別のより人道主義的でより民主主義的でよりエコロジカルでより平等な体制へと置き換えることができるかもしれません。それは今の段階ではまだ未決定です。

ただひとつ確実なのは、資本主義がこのまま以前と同様に発展し続けることが不可能であって、その未来が確実により悲惨なものになるだろうということです。それは地球温暖化の問題に関してもそうだし、化石資源や農地や飲料可能な水の限界についてもそうだし、経済的・社会的不平等の異常な亢進にしてもそうです。したがって、人類が、資本主義とともに滅びの道へと突き進むのか、それとも、それに代わる「もうひとつの世界」を実現するのかという歴史的選択肢の前に立たされていることはまちがいありません。

ちょうど第一次世界大戦の悲惨さを前にして、ローザ・ルクセンブルクが「社会主義か野蛮か」という先鋭な二者択一を提起したのと同じ意味で、いやそれ以上に深刻で先鋭な切実さをもって、「社会主義か野蛮か」という二者択一を提起することができるだろうと思います。

【もりたせいや】一九六五年生まれ。國學院大學非常勤講師。著書に『資本主義と性差別―ジェンダー的公正をめざして』(青木書店、一九九七年)、『資本と剰余価値の理論―マルクス剰余価値論の再構成』(作品社、二〇〇八年)、『価値と剰余価値の理論』(作品社、二〇〇九年)、『家事労働とマルクス剰余価値論』(桜井書店、二〇一四年)、『マルクス経済学・再入門』(同成社、二〇一四年)、『ラディカルに学ぶ「資本論」』(柘植書房新社、二〇一六年)。訳書に、トロツキー『レーニン』『永続革命論』『ロシア革命とは何か』(光文社古典新訳文庫)、マルクス『賃労働と資本/賃金・価格・利潤』『「資本論」第一部草稿―直接的生産過程の諸結果』(光文社古典新訳文庫)、デヴィッド・ハーヴェイ『新自由主義』『資本の〈謎〉』『〈資本論〉入門』『反乱する都市』『コスモポリタニズム』『〈資本論〉第二巻・第三巻入門』(共訳、作品社)など。

報告2

ロシア革命一〇〇年を考える

―カウツキー論争・グラムシ・憲法制定権力の視点から

中村勝己

この論考は、二〇一七年一一月のシンポジウムの報告と『季刊ピープルズ・プラン』第七八号（二〇一七年一一月）所収の「ロシア革命一〇〇年を考える―西欧左翼の視点から」を組み合わせたものです。

はじめに

一九一四年六月下旬、第一次世界大戦が始まります。この戦争には三国同盟（ドイツ・オーストリア・イタリア）と三国協商（イギリス、フランス、ロシア）の対立が背景にあるのですが、主要な戦闘はドイツ（プロイセン）とロシア（東部戦線）、ドイツとフランス（西部戦線）の間で行なわれました。第一次世界大戦は、兵器の殺傷力が工業生産の発展を背景に飛躍的に高まったため、軍と軍とが戦線を挟んで長期に渡って睨み合う〈陣地戦〉あるいは〈塹壕戦〉の形をとりました。開戦から一ヵ月間は西部戦線で有利に戦いを進めていたドイツは、九月上旬にフランス軍の猛反撃にあい後退を強いられます。その後は「両軍とも相手の側面をつき敵の背後に回り込んで、戦線を突破しようとする戦術を繰り返した。〔…〕両軍ともに大きな損失を出したこの戦いは〔…〕、年末にはイギリス海峡沿岸からスイス国境まで約七五〇キロメートルの前線で、両陣営が塹壕に立てこもって対峙する陣地戦に移行し」たのです（木村靖二『第一次世界大戦』六六〜六七頁）。陣地戦はこうして総力戦（全体戦争）となっていきます。

この総力戦から脱落したのがロシアでした。元来ロシアは穀物輸出大国でしたが、「穀物・石炭とも産地はウクライナなど南部が中心で、ペトログラードやモスクワなどの北部の大都市消費者への供給は、鉄道がなければ不可能であった。〔…〕もともと鉄道などの輸送インフラが不十分であったところに、兵員・兵器など軍事輸送が優先されたため、民需用物資の輸送が機能しなくなった。食糧・燃料危機とは、輸送危機にほかならなかった。ロシアのインフラ構造は、長期戦を遂行できる状況にはなかったのである」（木村前掲書一七一〜

一七二頁)。

厭戦気分の蔓延と食糧・燃料危機。こうしてロシア革命が始まります。「国民の信を失った皇帝政府は一九一七年三月首都の労働者、兵士の結合した革命によって打倒され、臨時政府を生み出した。これが〔ユリウス暦の〕二月革命である。臨時政府は政治的自由、身分差別の撤廃を宣言した」(和田春樹『歴史としての社会主義』七六頁)。農村では土地を求める農民革命が始まり、ロシア帝国領内の各地でウクライナをはじめとする民族革命が広がっていきました。しかし臨時政府は戦争を継続します。そこで「ソビエトに結集した労働者兵士は戦争に反対して、急速に臨時政府と対立するにいたった。一方、臨時政府は、土地要求をめぐって農民革命と対立し、ウクライナ自治問題で民族革命とも対立する。この状況に助けられ、ボリシェヴィキに導かれる首都周辺の労働者兵士ソビエトは臨時政府を打倒した。これが十月革命である。かくしてレーニンはロシア国家の指導者となった」(和田前掲書七六頁)。

レーニンの革命政権はまず戦争終結のために動きますが、「連合国には拒絶され、ドイツのみと休戦協定を結ぶこと」しかできませんでした(一九一七年一一月)。国内的には「二月革命以来の民主主義の目標であった憲法制定会議の選挙も実行した」が、ボリシェヴィキが第二党に終わったため、この会議を実力で解散させ(一八年一月)、内戦の引き金を引いてしまいます(同前、七六~七七頁)。この後ロシアは丸三年ものあいだ周辺諸国のしかける干渉戦争に反撃し、国内で反革命を掲げる勢力との内戦を強いられることになります。

ロシア革命はレーニン、トロツキーらが唱える「プロレタリアートの独裁」を実現したものとみなされ、これをめぐり彼らボリシェヴィキとヨーロッパのマルクス派の思想家たちが論争を繰り広げました。カール・カウツキー（一八五四―一九三八）、ローザ・ルクセンブルク（一八七一―一九一九）らです。いずれも革命のあり方およびその後の社会の運営の原理として「プロレタリア独裁」を認めるが、その内容がかなり異なるところが興味深いところです。その際の論点はたくさんありますが、今回はあえて、「社会主義革命と自由主義、民主主義は両立するのか？ 例えばロシア革命で憲法制定議会を解散させたことは正しかったか？」をめぐる論争に絞って見てみることにします。

次に、イタリアのアントニオ・グラムシ（一八九一―一九三七）のロシア革命論について見ていきます。さらに、その時代、すなわちボリシェヴィキ革命（一九一七年―）とムッソリーニの政権掌握（一九二二年）に、〈議会主義の危機〉を直接民主主義により突破する〈主権独裁〉の登場を見てとった「ナチスの桂冠法学者」カール・シュミット（一八八八―一九八五）の〈憲法制定権力〉論、そして二〇世紀末にこの議論を自らの革命論の基礎として読み直したアントニオ・ネグリ（一九三三―）の〈憲法制定権力〉論を検討することにします。

そして最後に、もう一度、二一世紀における〈革命〉とは何を目指すのかについて考えてみたいと思います。

1、ロシア革命論争ーカウツキー、レーニン、ローザ

カウツキーのロシア革命批判

カウツキーは、ロシア革命を批判するパンフレット『プロレタリアートの独裁』を一九一八年夏に出版します。(1)カウツキーは、レーニンらボリシェヴィキがマルクス独裁論を誤読していると示唆しながら次のように書きます。

プロレタリアートの闘争は、大衆の闘争として、民主主義を前提とする。〔…〕民主主義は、大衆を組織し、統一的発展を大衆に与えるのに必要である。これは秘密の手段によってはまったく不可能である。普及した日刊新聞を何枚かのビラで取って替えることはできない。大衆を秘密裏に組織することはできない。とりわけ秘密組織は民主的たりえないものである。それはつねに一個人もしくは一群の指導者の独裁に導く。

一般のメンバーはただ命令を行なう道具となるしかない。このような手段〔…〕が大衆の自治と自立を増進することはない。それはかえって指導者の救世主意識と独裁的習慣を発達させるだろう。(Kautsky, *Die Diktatur des Proletariats*, SS. 10-11)

ここでカウツキーは、民主主義にとり公開性の原則が不可欠であることを指摘していま す。レーニンがこの批判を『プロレタリア革命と背教者カウツキー』で黙殺していることを指摘しておかなければなりません。次の論点にもレーニンはまともに応答しませんでした。

〔プロレタリアートの独裁とは何かという〕この問題を吟味するにあたって、状態としての独裁と〔…〕統治形態としての独裁とを混同してはならない。統治形態として

註

（1）一九一八年にカウツキーが出した十月革命批判のパンフレットは、筆者が調べた限りで二冊ある。ひとつは文献目録にも挙げた『プロレタリアートの独裁 *Die Diktatur des Proletariats*』であり、ウィーンを刊行地としている全六三頁のもの。亀甲文字で印刷されている。レーニンが『背教者カウツキー』で取りあげ論駁しているのはこのパンフである。もうひとつはこれも文献目録に挙げた『民主主義か独裁か *Demokratie oder Diktatur*』であり、ベルリンを刊行地とし全四六頁のものである。ローマ字体で印刷されている。後者は前者の前半部分を補訂した縮約版である。

の独裁は、反対派から選挙権、言論結社の自由を奪うことによって反対派を武装解除することを意味する。〔…〕

ここで注意すべきことは、私たちが統治形態としての独裁について述べるとき、一階級の独裁を意味することはできないということである。というのも、〔…〕ひとつの階級は、支配することができるだけであって、統治することはできないからである。もし私たちが独裁〔という言葉〕で単にひとつの支配の状態を意味するのではなく、ある一定の統治形態を意味するとすれば、独裁とは一個人もしくは一団体の独裁について語ることしかできず、したがってプロレタリアートの独裁についてではなく、むしろ一プロレタリア政党の独裁についてしか語ることができなくなる。そしてプロレタリアート自身がさまざまな政党に分かれている場合にはただちに問題が紛糾する。その場合、この一政党の独裁はもはやプロレタリアートの独裁ではまったくなく、プロレタリアートの一部分が他の部分に対して行なう独裁となる。(Ebenda, S. 21)

カウツキーによれば、支配の「状態としての独裁」とは、プロレタリアートが一国の生産手段を掌握することで支配階級となっている状態のことを指します。これに対して「統治形態としての独裁」とは、特定の政党が他党を抑圧して独裁体制を敷いている状態を指します。カウツキーは、前者をプロレタリアートの独裁として肯定し、後者を否定するのです。確かにカウツキーの言う通り、野党の存在は民主主義にとり不可欠です。カウツキーには複数政党制や複数前衛党論の観点があります。

しかしまたカウツキーが結論として言うのは、ロシアには社会主義革命を実現するだけの客観的条件、つまり資本主義の発展がないということです。「ロシアは工業国ではない。ロシアにおいて実演されているのは、事実上、最後のブルジョア革命であり、最初の社会革命ではない」(Ebenda, S. 43)。そこには不均等発展の観点の欠如、発展段階史論と先進国中心主義とも言うべき制約がありました。

これに対してレーニンは『プロレタリア革命と背教者カウツキー』(一九一八年)で激しく論駁します。「プロレタリアートの革命的独裁は、ブルジョアジーに対するプロレタリアートの暴力によって闘い取られ維持される権力であり、どんな法律にも束縛されない権力である」(レーニン『プロレタリア革命と背教者カウツキー』一八頁)。「プロレタリア革命は、ブルジョア国家機関を暴力的に破壊して、それを、エンゲルスの言葉を使えば『もはや本来の意味の国家でない』新しい国家機関をもって取り替えることなしには、不可能である」(同前、二〇頁、強調は原文のまま、以下同じ)。「新しい国家機関」とはロシアで自然発生的に下から結成されたソヴィエト(評議会)のことです。これが旧い国家機関を破壊するとしたのです。では、国家機構の破壊とは何を指すのでしょうか?

マルクスとエンゲルスは、〔一八七一年フランスの〕パリ・コミューンを非常に詳しく分析し、コミューンの功績は、コミューンが「できあいの国家機関」を破壊し粉砕しようと企てたことにある、ということを示した。〔…〕マルクスとエンゲルスは、コミューンが、軍隊と官僚制を絶滅し、議会制度を絶滅し、「寄生的な瘤《こぶ》━国家」を破壊したことなどを示した。（同前、二五頁）

レーニンたちボリシェヴィキは、この実験に倣い、ロシアに「プロレタリアートの独裁」を樹立します。

ロシアでは、官僚機構は、まったく破壊され、一物も残さず破壊しつくされ、旧い裁判官は全部追放され、ブルジョア議会は解散された、━そして、とくに労働者と農民にはるかに近づきやすい代表制度が与えられ、官吏は彼らのソヴィエトによって取り替えられるか、彼らのソヴィエトが官吏のうえに据えられ、彼らのソヴィエトは裁判官の選挙人とされた。この事実だけでも、すべての被圧迫階級に、ソヴィエト権力、すなわちプロレタリアートの独裁のこの形態が、どんなに民主主義的なブルジョア共和国よりも百万倍も民主主義的であることを認めさせるのに十分である。（同前、三七頁）

しかし、憲法制定議会を解散させるべきだったのでしょうか？　これについてレーニンは言います。

> ボリシェヴィキが、これらの問題〔議会を解散させること、ソヴィエトを国家組織に変えること、そして党名を共産党と改称すること〕を取りあげたのは、一九一七年の四月、たとえば一九一七年四月四日の私の「テーゼ」で、すなわち一九一七年の十月革命のずっとまえだった〔…〕（一九一八年一月五日の憲法制定議会の解散のずっと前だったことは、言うまでもない）。（同前、五一頁）

憲法制定議会の選挙結果は、よく知られているように、七〇七議席中エスエルが過半数を占め、ボリシェヴィキは得票数・議席数ともに四分の一にとどまりました。この結果を承けたボリシェヴィキは、ソヴィエトに議会を解散させる命令を出させます。よってボリシェヴィキは民意や手続きを無視する少数独裁勢力だという批判が当時も今もあるわけですが、レーニンに言わせれば、議会の解散は「ブルジョア国家を破壊する」という既定方針なのです（ただしここには、憲法制定という特別の権限を与えられた憲法制定議会と一般の国会との混同があるように思われます）。そしてレーニンは、次のようにつけ加えました。

だが、私がそっくり引用したカウツキーの議論は、ソヴィエトに関する問題全体の眼目である。ソヴィエトは、国家組織となることに努力すべきであるか〔…〕、――それとも、ソヴィエトは、そういうことに努力してはならず、権力を掌握してはならず、国家組織となってはならず、むしろ一「階級」の「戦闘組織」〔…〕としてとどまらねばならないか、まさにこの点に眼目がある。(同前、五一～五二頁)

レーニンからすれば、憲法制定議会の解散は、ソヴィエトが統治の機関になる革命の「眼目」だったのです。

カウツキーとレーニンの論争は、この一〇〇年間、レーニンの勝ちということでほぼ決着がついています。それほどまでにレーニンの権威は大きかったとも言えます。日本は特にそうだったようで、レーニンのカウツキー批判は翻訳で読めるのに、カウツキーのロシア革命批判には今も邦訳がありません。この時期のパンフレットで唯一の邦訳は戦前に出た『民主主義か独裁主義か』ですが(2)、これは上記のパンフ『プロレタリアートの独裁』の邦訳ではありません。この邦訳には書誌情報がないので判断ができないのですが、同じ一九一八年にベルリンで出版されたカウツキーのパンフレット『民主主義か独裁か』の英訳版が『プロレタリアートの独裁』となっており、おそらくこの英訳版からの重訳が邦訳『民主主義か独裁主義か』であると推測されます。ただし二種類のパンフは、内容に多くの重複があります。

カウツキーが理論指導者だったドイツ社会民主党は、第一次世界大戦に際して議員団が国会で戦時公債の発行に賛成し、第一次大戦後の共和政時代には保守勢力と連立を組んで革命の動きを鎮圧するなど、確かに批判されるべき点が多々ありました。しかしまた、先に見たような民主主義にとっての公開性の原則や複数政党制（複数前衛党論）の重要性の指摘など、カウツキーには今日ふりかえってみるべき価値が十分にあります。革命から一〇〇年が経っているにもかかわらず、この論争をふりかえるための資料がいまだに揃わないという点に、戦後日本の左翼の言説空間の歪みがよくあらわれています。英語圏でも独語圏でもこんなことはありえません。(3)

他方で、ロシア革命は、「二重権力」と呼ばれる政治状況が長く続いた結果生じました。

註

（2）その後の筆者の調査で、もう一冊邦訳書が見つかった。カウツキー『民主政治と独裁政治』である（文献目録参照）。これは英訳版『プロレタリアートの独裁 *The Dictatorship of the Proletariat*』の邦訳だと「訳者例言」にある。

（3）ドイツ語圏ではカウツキー＝トロツキー論争とカウツキー＝トロツキー論争をふりかえるための資料的条件が整っている。一九九〇年に刊行された二巻本は、この論争の当事者たちのパンフレットをまとめており、とても便利である。次の二冊を参照。Kautsky 1990, Trotzki 1990. 英語圏ではここまでではないにしても彼らのパンフレットの英訳の復刻版が今も入手できる。

二月革命以降は臨時政府とソヴィエト（労働者農民兵士評議会）とのあいだの、十月革命以降は憲法制定議会とソヴィエトのあいだの二重権力です。日々刻々と変化する情勢のもとで流動化する（急進化し左傾化する）民衆の政治意識をより直接に反映しているのは議会ではなくソヴィエトだという主張をレーニンらはしており、それには根拠があったと思われます。しかし議会の廃止は、その後の内戦のきっかけをも作ってしまいました。

ローザ・ルクセンブルクのロシア革命批判

ローザ・ルクセンブルクは、第一次大戦中に反戦運動の廉で逮捕され、十月革命の際にはブレスラウの監獄に収監されていました。そこで執筆したのが『ロシア革命論』です。この草稿での論点は、（一）ボリシェヴィキ政権の独裁で民衆の自律が損なわれる危険がある。（二）大土地所有制を解体し貧農に土地を分配したのは、社会主義建設を遅らせる失敗である。（三）一九一八年三月のブレスト＝リトフスク条約でボリシェヴィキ政権がドイツと単独講和を結んだのはドイツの戦争継続を助長する失敗である。（四）ウクライナの民族自決権を認め分離独立を受け入れることは、国際プロレタリアートの利益を個別の民族の利益に従属させる誤りである。そして肝心なのは、ロシアの国際的な孤立を救うドイツの社会主義革命だとされました。ローザは、ヨーロッパ規模での世界革命の一環としてしかロシア革命が生き残る道はないと考えたのです。

レーニンは、ブルジョア国家は労働者階級の抑圧のための道具であり、社会主義国家は、ブルジョアジーの抑圧のためのものだ、と言っている。社会主義国家は、いわば資本主義国家の裏返しに過ぎない、ということだ。この単純化した見方はもっとも本質的なことを見落としている。ブルジョア的階級支配は全人民大衆の政治的訓練や教育をまったく必要としない、少なくともある特定の狭い限度以上には必要としないということである。一方、プロレタリア独裁にとっては、それこそが生命の源、空気なのであって、それなしにはプロレタリア独裁は存在することができないのだ。「政府の権力をめぐって公然かつ直接的な闘争が行なわれてきたおかげで〔労働者大衆はごく短期間に豊富な経験を積み、一段一段と急速に発展している〕」。ここでトロツキーは自分自身と自分の党の仲間たちをこの上なく的確に反駁している。まさにこの通りであるからこそ、かれらは公衆の生活を抑えることによって政治的経験の泉と発展のいっそうの昂揚を塞いでしまったのである。（ローザ・ルクセンブルク『ロシア革命論』四〇頁）

また、草稿のこの箇所の欄外には、次のようなメモが記されています。「政府の支持者のためだけの自由、ある党のメンバーのためだけの自由は——その数がどんなに多くても——けっして自由ではない。自由とはつねに異なった考え方をする者の自由のことである。それは「公正」を狂信《ママ》するからではなく、政治的自由のもつ活性化、健全化、浄化の力はまさにこの本質にかかっているからであり、もし「自由」が特権となれば、この力が失われるからである」(同前、四一頁)。

　ローザの独裁批判は、カウツキーとは異なり民衆の自由を拡大するものとして十月革命を肯定的に捉えています。しかしまた、カウツキーとローザの独裁批判にはある種の共通点も見てとれます。それは、民主主義（人民主権）には多元性（複数性）を保障する論理が必要だという視点です。西欧で多元性を重視したのは自由主義の伝統です。自由主義の視点をカウツキーは明示的に、ローザは暗黙の形で前提としています。そして彼らの批判は、レーニン死去後、スターリン独裁体制の成立により裏づけられたともいえるでしょう。それならば、ロシア革命の失敗を自由主義への回帰によって克服することができるのでしょうか。しかし、この問いに入る前にヨーロッパにおける十月革命の反響をもうひとつ見ておきましょう。グラムシです。

2、グラムシのロシア革命論

グラムシの「資本論に反する革命」

ロシア十月革命から二週間くらい後のことです。アントニオ・グラムシは、イタリア社会党機関紙『アヴァンティ！〔前進〕』（ミラノ版一九一七年一一月二四日号）に「『資本論』に反する革命」と題する論考を発表します。そのなかでグラムシは次のように述べています。

ボリシェヴィキの革命は、事実よりもイデオロギーによって物質的内実を与えられている（したがって、われわれが知っている以上のことを知るのは、とどのつまり、われわれにはさほど重要ではない）。それはカール・マルクスの『資本論』に反する革命である。マルクスの『資本論』は、ロシアでは、プロレタリアたちの本であるよりもブルジョアたちの本であった。ロシアでは、プロレタリアートが自己を取り戻して階級的権利要求をおこない、革命を考えることができるようになる前に、まずはブルジョアジーが形成され、資本主義時代が開始され、西欧型の文明が樹立されるという、宿命的必然性を批判的に論証したものであった。ところが、事実がイデオロギーを凌駕してしまった。『資本論』が描く批判的図式によると、ロシアの歴史は史的唯物論の諸規範にしたがって展開すべきだとされていたが、その批判的図式を事実が爆破してしまった。ボリシェヴィキはカール・マルクスを否認し、実行された行動と実現された獲得物を根拠として、史的唯物論の諸規範は、ひとが考え得たほどには〔…〕鉄の規範ではない、と主張する。（グラムシ「『資本論』に反する革命」六〇～六一頁）

グラムシは、ロシアにおける資本主義発展の遅れを取り戻す力がボリシェヴィキの主体的な行動にかかっていると考えていました。これは、カウツキーの客観主義的＝待機主義的なロシア革命理解への批判にもなっています。これを指して多くの研究者たちが「初期グラムシの主意主義（主体性中心主義）」と呼んでいました。青年時代のグラムシがこうした強い主意主義的傾向をもってロシア革命の意味を解釈したことの背景には、当時のマルクス主義の主流派が社会進化論的、実証主義的な傾向を示していたのに対して、そうした実証主義への「反逆」として新たな思想潮流が登場しつつあり、それにグラムシが影響を受けていたことが挙げられます。一九世紀末にイタリア展開された〈マルクス主義の危機〉論争に参加した四人の思想家たち、アントニオ・ラブリオーラ、ジョルジュ・ソレル、ベネデット・クローチェ、ジョヴァンニ・ジェンティーレの議論はグラムシの思想に強い刻印をしるしています[4]。次に『獄中ノート』における議論を見てみましょう。

グラムシ『獄中ノート』における省察―機動戦から陣地戦への転換

「戦略・戦術」という用語は、元来、一九世紀初頭のプロイセンの軍人カール・フォン・クラウゼヴィッツ（一七八〇―一八三一）の『戦争論』で定式化されたものです。クラウゼヴィッツによれば、戦争の勝利は、戦闘における勝利の積み重ねによります。この「戦闘における勝利」を得るための戦闘力使用の学問が戦術、そして戦争目的である勝利を得るために複数の戦闘を組み合わせて運用するための学問が戦略ということになるわけです（クラウゼヴィッツ『戦争論』上、一四七頁、二四六頁）。

第一次大戦前までの戦争は、短期決戦で終わっていました。敵軍を殲滅し、敵の陣地に攻め込んで敵国の中枢（心臓部）である首都を攻囲ないし制圧すれば決着はついたのです。こうした戦術が「機動戦（運動戦）」です。これに対して二〇世紀の戦争は、味方の消耗を

註

（4）この論争に参加した四人はいずれも哲学者あるいは哲学志向の強い研究者であるため、論争は極めて思弁的、哲学的な調子を帯びた。どの論者も社会や経済の規定力に対置された人間の主体性を強調している。とりわけジェンティーレとラブリオーラがそうである。拙訳ジェンティーレ『マルクスの哲学』の抄訳を含む次の文献を参照。イタリア思想史の会編訳『イタリア版「マルクス主義の危機」論争』。

減らすために塹壕を掘り、敵と睨み合い互いに国の総力をあげて取り組みます。その戦術が「陣地戦（塹壕戦）」です。戦争は総力戦（totale Krieg 全体戦争）となります。このような戦術上の転換が第一次大戦後、マルクス主義の政治用語に流れ込んだのです。

政治の分野においても機動戦（および正面攻撃）から陣地戦への移行が生じたこと。これは、〔第一次大戦の〕戦後期が提起したもっとも重要な、そして正しく解決することの至難な政治理論の問題であるようにおもわれる。これはブロンステイン〔トロツキー〕がもちだした諸問題とむすびついている。ブロンステインは、いずれにせよ、それが敗北の原因でしかない時期における正面攻撃の政治理論家であるとみなすことができるのだ。〔…〕陣地戦は無数の住民大衆に莫大な犠牲を要求する。だから、未曽有のヘゲモニーの集中、ひいては、反対者にたいしてより公然と攻撃姿勢をとり、内部解体の「不可能性」を永続的に組織するような、いっそう「干渉主義」的な統治形態が必要になる。政治的、行政的、等々のあらゆる種類の統制、支配的集団のヘゲモニーの「陣地」の強化、等々。（グラムシ『新編・現代の君主』一九五頁）

トロツキーが唱えた「永続革命論」とは、ロシアのような後進資本主義国における革命は、大都市の労働者階級（プロレタリアート）の主導による自由と民主主義を求める革命（ブルジョア革命〕をもって始まり、そのまま中断することなく、社会主義革命へと連続していかざるをえないこと、また、その革命は先進資本主義諸国の社会主義革命へと連続的に波及し、その援助を受けることを必要とすることなどを骨子とします。グラムシは、この永続革命論に陣地戦論を対置し、西欧の革命を可能とする条件を考察します。

これらの〔西欧の〕国家では、「市民社会」がきわめて複雑な構造のものになっていて、直接の経済的要素（恐慌、不況、等々）の破局的な「侵入」に抵抗している。市民社会のつくりあげている上部構造は現代の戦争における塹壕体系のようなものなのだ。現代の戦争では、砲兵隊の猛攻撃が敵の防御体系全体を破壊したらしくみえたのに、じつは外面部を破壊したに過ぎず、突撃と前進の瞬間に突撃者は依然として力を保っている防御線にぶつかるというようなことが起こったように、〔一九二九年以降の〕大恐慌期間中の政治にも同じようなことが起こっているのである。突撃部隊のほうは、恐慌の結果、時間的にも空間的にも電光石火のように組織されるというわけでなく、いわんや、攻撃的精神を獲得するわけでもない。しかも、この一方で、攻撃されたほうは、士気沮喪することもなければ、あたりが廃墟と化しても防衛を放棄せず、自己の力と先行きにたいする信頼をうしなうこともない。〔…〕政治の歴史におけるこの種の最新のできごとは、一九一七年の事件〔ロシア革命〕である。それは政治の技術と政治学の歴史における決定的な転換点をしめすものであった。したがって、陣地戦における防御体系にあたる市民社会の諸要素がなんであるかを「深く」研究することこそが重要なのである。〔…〕

L・ダヴィドヴィッチ・ブロンスティン〔＝トロツキー〕が〔コミンテルン〕第四回大会〔一九二二年一一月〕において東方の戦線と西方の戦線との比較対照をおこなったときに提起したものは、戦術的な方法の修正に着手しようとするひとつの試みであるはずのものだったのであろう。東方の戦線はたちどころに落ちたが、それには未曽有の闘争〔＝内戦〕がつづいた。これにたいして、西方の戦線では闘争〔＝内戦、つまりは予防的な反革命の動き〕のほうが「さきに」あらわれたというのだ。すなわち、攻撃があった場合、市民社会が攻撃のまえに抵抗するのか、それとも、あとに抵抗するのか、ということが問題のかなめをなしていたというのである。（同前、二〇〇―二〇一頁、訳文変更）

ここでいう「東方」とは、ロシアのことであり、「西方」とは、イタリアを含む西ヨーロッパのことです。グラムシによれば、西方には市民社会（società civile）が発達しており、これが政治勢力による国家権力掌握の舞台であること、つまり西方の市民社会には機動戦で急襲すべき心臓部（首都）がどこにあるのか不明確であり、その代わりに塹壕があちこちに張り巡らされているというのです。この塹壕をグラムシは、市民社会に埋め込まれた「国家のヘゲモニー装置」と呼ぶことになるでしょう。

東方では国家がすべてであり、市民社会は原生的でゼラチン状であった。これにたいして、西方では、国家と市民社会とのあいだには適正な関係があり、国家がぐらつくとたちまち市民社会の頑丈な構造が姿をみせた。国家は第一塹壕であるにすぎず、その背後には要塞と砲台の頑丈な連鎖がひかえていたのである。いうまでもなく、これには国家によって多少のちがいがあった。（同前、二〇六頁、訳文変更）

このような市民社会論をふまえて、グラムシは、市民社会におけるさまざまな国家のヘゲモニー装置を分析する仕事に向かいます。彼は『獄中からの手紙』で自分の問題意識を次のように語っています。

国家はふつうに政治社会（すなわち、所与の時代の生産様式と経済に人民大衆を適応させるための独裁または強制装置）として理解されていて、政治社会と市民社会との均衡（すなわち、教会、組合、学校、等々の、いわゆる私的組織をつうじて国民社会全体にたいして行使される一社会集団のヘゲモニー）としては理解されていません。

（グラムシ『愛よ知よ永遠なれ――グラムシ獄中からの手紙』第三巻、二六―二七頁）

ここではグラムシの次のような国家理解が前提とされています。グラムシによれば、国家とは、通常理解されているような国家機構（立法府、司法、行政機関、軍隊などの統治機関）だけではなく、通常国家とはみなされない民間諸組織（キリスト教会、経営者団体や労働組合のような職業団体、学校、メディア機関など）も市民社会として国家に包摂されているかぎりで国家の一部をなします。定式化すれば、「国家＝政治社会＋市民社会、すなわち強制の鎧をつけたヘゲモニー」なのです（グラムシ『新編・現代の君主』三四二頁）。こうしてグラムシは、市民社会における知識人の役割、アメリカニズム（フォーディズム）の導入による労働と生活の規範の規律化、政党としてのメディアの役割、社会運動における諸集団の自立の過程、〈現代の君主〉としての政党の役割などのテーマを掘り下げていきます。その際に注目されるのはつねに〈ヘゲモニー〉というミクロな権力作用です。物理的な強制力とは別の精神的、文化的、道徳的などの影響力がいかに国家権力による支配を支えているか、民衆はいかにそこから自立するのかが注目されているわけです。このように獄中期グラムシの主要な関心は、ロシア革命の再審よりも来たるべき西欧革命の方向性を探ることにあったと言えるでしょう。

3、〈憲法制定権力〉論から見たロシア革命
―シュミットとネグリ

カール・シュミットの「憲法制定権力」論

ボリシェヴィキ革命とムッソリーニのローマ進軍を目撃したドイツのカール・シュミットは、この二つの革命を〈議会主義の危機〉に対する極左と極右による突破と位置づけ、どちらに対しても共感を隠しませんでした。議会主義とは、自由主義の原理と民主主義の原理の一九―二〇世紀における結合ですが、第一次大戦が終わり普通選挙制が導入されて有権者の数が飛躍的に拡大したことにより、そしてまた戦後危機が革命的情勢下での直接行動を民衆に促したため、議会主義の危機が露呈しました。議会での諸政党の議席配分や討論の内容が社会の現状を反映していないのではないかという疑念が広く共有されたということです。シュミットは一九二六年の論考「議会主義と現代の大衆民主主義との対立」で次のように言います。

今日、一般の考え方は、議会主義を、ボルシェヴィズムとファシズムの中間にあって両側から脅かされていると見ている。これは、平明だが外面的な分類である。議会主義の運営と議会主義的な諸装置の困難さは、実は、現代の大衆民主主義の状態から生れている。現代の大衆民主主義は、まずもって、民主主義そのものの危機にみちびく。それは民主主義に必要な実質的平等と同質性の問題が普遍的な人間の平等によっては解決されえないからである。さらに、現代の大衆民主主義は、民主主義の危機とは区別されてしかるべき議会主義の危機にみちびく。これら二つの危機は今日では同時にあらわれ、相互に強めあっているが、概念上も事実上も違うものである。現代の大衆民主主義は、民主主義として、治者と被治者の同一性を実現しようとし、その途上で、もはや明証性を失い過去のものとなった制度としての議会に遭遇する。民主主義的な同一性ということをまじめに考えるならば、危急の場合には、どんな仕方であれ表明された抗し難い国民意思の唯一決定性の前には、他のいかなる憲法上の制度も、維持されえない。（シュミット「議会主義と現代の大衆民主主義との対立」一五〇～一五一頁）

この「国民意思の唯一決定性」こそ、〈憲法制定権力〉と呼ばれてきたものです。しかしその話に入る前にもう少しシュミットの議論を追いかけてみましょう。

ボルシェヴィズムとファシズムは、あらゆる独裁と同じく、なるほど反自由主義的ではあるが、必ずしも反民主主義的ではない。民主主義の歴史においては、国民意思を形成し、同質性を創造するものとして、多くの独裁、カエサル主義、および、前世紀の自由主義の伝統にとっては異常な、耳目をひく他の方法がある。〔…〕国民とは公法の概念なのである。国民は公的領域でのみ存在する。一億人の私人の一致した意見は、国民意思でもなければ公開の意見〔公論〕でもない。国民意思は、歓呼、喝采（acclamatio）によって、自明の反論しがたい存在によって、ここ半世紀のあいだあれほど綿密な入念さをもってつくりあげられてきたところの統計的装置〔議員選挙のこと—引用者〕によってと同じく、また、それよりいっそう民主主義的に、表明されうるのである。民主主義的感情の力がつよくなればなるほど、民主主義が秘密投票の記録システム以外の何ものかだという認識は、それだけたしかなものになる。技術的意味においてだけではなく本質的な意味においても直接的な民主主義を前にしては、自由主義の思考過程から生まれた議会は、人為的な機構にみえるのであり、それに対し、独裁やカエサル主義の方法は、国民の喝采によって担われうるだけではなく、民主主義的な実質と力の直接的な表現でもありうるのである。（同前、一五二～一五四頁）

選挙よりも人民大衆の拍手喝采の方が国民意思の表明＝大衆民主主義（直接民主主義）にふさわしい方法だというのです。言い換えるならば、有権者の数と各政党の得票数を数え彼らに議席を配分する憲法制定議会の方式よりも、会場に詰めかけた人民大衆の熱狂的な拍手喝采の方が、つまりはソヴィエトの決議の方が、人民主権の決定方式にふさわしいというのです。

シュミットによれば独裁には〈委任独裁〉と〈主権独裁〉の二種類があります。前者は外敵の侵入や内乱の危機などの非常事態に際して国会などの国家機関が特定の人物に独裁的権力を期間限定で委任するものです（古代ローマの独裁官 dictator が原型）。後者はピューリタン革命やフランス革命により近代社会に定着したもので、新しい国のかたちを創る（憲法を制定する）革命が敷く独裁です。

そして〈憲法制定権力〉とは、この革命（を実現した人民）のことにほかなりません。別の著作でシュミットは言います。

憲法制定権力は、憲法を制定することによって使い果たされ、吸収されあるいは費消されることはない。憲法制定権力は、それが一度行使されることによって、片付けられまた排除されるものではない。〔…〕憲法と同時に、またそれを超越してこの意思は存続している」（シュミット『憲法論』一〇〇頁）。「憲法制定権力は単一かつ不可分である。

それはその他の区別された「諸権力」（立法、執行および司法〔…〕）と並ぶ、もう一つの同格の権力ではない。それは他のあらゆる「諸権力」および「権力分立」の包括的基礎をなすものである。（同前）

近代で〈憲法制定権力〉論を最初に展開したとされるのがフランス革命の初期指導者アベ・シィエス（一七四八—一八三六）です。彼は『第三身分とは何か』において、「国民（La nation）はすべてに先行して存在するのだ。国民はすべての源だ。その意思は常に適法なのだ。それは法律そのものだ」（シィエス『第三身分とは何か』一〇五頁）とし、「憲法のいずれの部分も憲法により設けられた権力の作ったものではなく、憲法制定権力が作ったものなのである」（同前、一〇六頁）と定式化しました。革命を実現する人民（国民）こそが〈憲法制定権力〉（pouvoir constituant 構成する権力）なのであり、それにより作られた諸権力（国家諸機関）が〈構成された権力 pouvoir constitué〉であるわけです。

そしてシュミットによれば、こうしたシィエスの〈構成する権力〉と〈構成された権力〉の二元論の背景にはスピノザの自然観があります。

シィエスの多くの表現から察するに、「憲法制定権力」は、あらゆる「制定された権力」との関係において、スピノザの理論による「構成的自然」（natura naturans）およびその「被構成的自然」(natura naturata) に対する関係の形而上学的類推と思われる。すなわち、あらゆる形態の尽きざる根源であり、それ自体は、いかなる形態にも把えられることなく、永久に新しい形態を生み出し、形態なくしてあらゆる形態を形成するのである。(シュミット『憲法論』一〇三頁、訳文変更)

スピノザ哲学においては神即自然・自然即神ですから、能産的自然(natura naturans)も所産的自然(natura naturata)も神が化体したものです。つまり、シュミット政治神学によるスピノザ解釈からすれば、能産的自然としての憲法制定権力とは神の主権の世俗化した概念だ、ということになります。

そのシュミットの独裁論の結論はこうでした。「一般国家学の観点からすれば、人民(Volk)と同一視されるプロレタリアートの独裁は、国家の「死滅する」経済的状態への移行段階として、国民議会の理論と実践の根底にあるような、主権独裁の概念を前提としている」のだと(シュミット『独裁』二二九頁、訳文変更)。シュミットにとり二〇世紀の典型的な〈主権独裁〉とは、ボリシェヴィキ革命により実現したのです。したがって、シィエス＝シュミットの論理構成からすれば、一九一八年一月のソヴィエトによる憲法制定議会の解散は、主権を行使する人民が自らの意思に従わない「特別代表」(憲法制定議会議員のこと)を解任しただけのことであるということになるでしょう。彼らの〈憲法制定権力〉論をもっともラディカルに解釈する流れからすれば、ロシアにおける憲法制定議会の解散は民主主義の実現・貫徹なのです。憲法学者の側からは、こうした無制限で万能な〈憲法制定権力〉論には異議が唱えられるでしょう。芦部信喜は「シュミットのように制憲権〔憲法制定権力〕をあらゆる規範的拘束から自由に決断をなしうる絶対的な実力だと考えること」は「正しくない」と述べています（芦部『憲法制定権力』三九頁参照）。

アントニオ・ネグリの「憲法制定権力論」

こうした急進的な〈憲法制定権力〉論を承けて、アントニオ・ネグリは一九九〇年代初頭に『憲法制定権力／構成する権力』を発表します（邦題は『構成的権力』）。ネグリは本書においてシュミット、シィエスらに言及しつつ、西欧政治哲学史を〈憲法制定権力〉論を軸に読み替える大胆な試みを提示しました。ネグリにそうした挑戦を促したのは、先に見たスピノザ哲学による〈憲法制定権力〉論の基礎づけというシュミットの示唆であったでしょう。ただしネグリの思考実験が成功したのかどうか、疑問がないわけではありません。ネグリの〈憲法制定権力〉論は、シュミットの政治神学的な理解に優るとも劣らないほどに神学的・神秘的です。ネグリの言う〈憲法制定権力〉は、いわば世俗化した〈神〉のように万能なのです。「全能的権力としての構成する権力は、革命そのものにほかなら」（ネグリ『構成的権力』二二頁）ず、「憲法制定権力とは、〔…〕全能的で絶えず拡張していく緊張として映し出される力のこと」（同前、三九頁）であり、「構成〔する権力〕の原理の根源性は絶対的である。それは空無から生じ、すべてを構成する」（同前、四一頁、すべて訳文変更）というのです。

考えてもみれば、そもそも〈革命〉とは、一国の構成員（ようするに国民）全体を拘束するような決定を下すことです（そもそも〈政治〉とはそういうものです）。各人に革命の側に立つのか反革命の側に立つのかをつきつけます。アイザイア・バーリンの言う〈消極的自由〉、国家権力に代表される強大な権力から「放っておいてもらえる自由」さえも認められないかもしれないわけです（バーリン「二つの自由概念」参照）。つまり、〈革命〉にはそうした全体主義的な性格がつねにつきまとうと考えるべきなのです。シュミットならばそのことを肯定するでしょう。人民主権は自由主義（多元主義・政治の複数性）を認めないと。

ならば、ネグリはどうか。レーニン、トロツキー、ローザの革命論を比較対照した第六章「共産主義の欲望と弁証法の復興」では、ロシア革命を論じつつも、先に見たような一九一八年一月のソヴィエトによる憲法制定議会の解散の問題は言及さえされていません。シュミット同様、ネグリはそこに問題を見出していないのでしょう。ネグリの構想する革命の主体＝〈マルチチュード〉は存在そのものが〈群衆＝多数性〉だとされますが、それが逆に革命とその後の多元的な制度の構想を欠落させる原因になっていないでしょうか。〈革命〉が全体主義的で抑圧的なものにならず、抑圧・搾取・差別されている者たちの解放になる方途はないのでしょうか。筆者にも答えはありませんが、ひとつのイメージとして、全体を拘束する決定ではない革命として〈逃げる革命〉というものを考えています。『旧約聖書』の「出エジプト記」における奴隷民の逃亡としての〈脱出《エクソダス》〉です（ネグリが好んで使う言葉でもあります）。この間のシリアや南スーダンの内戦から逃げてきた難民たちは、実際には悲惨この上ない生と死を強いられています。現実はけっして甘くないのですが、この〈逃げる革命〉の可能性について、今後も考えていきたいと思います。

4、破壊するべき国家とは何か？

最後の論点は、「二一世紀の今日において、破壊するべき国家とは何か？」です。福祉国家とは、マルクスやレーニンの時代にはいまだ萌芽的な形でしか登場していなかった社会保障（医療・出産・介護など）や義務教育などの機能を備えた二〇世紀後半に特徴的な国家です。そして現代は、二〇世紀後半にブルジョアジーが創った（創ることを人民大衆に強いられた）

福祉国家を、「新自由主義」の名のもとにブルジョアジー自身が率先して破壊しつつある時代です。その時代に、私たちはブルジョアジーと一緒になって福祉国家の破壊を推進するべきなのでしょうか。

もちろん、マルクスやレーニンが破壊の対象と見なした国家とは、先にも見たように軍隊・警察のような国家の暴力装置であり、特権身分化した官僚機構であり、無駄なお喋りしかしていないにもかかわらず民主主義の体裁をブルジョア支配に与えている議会のことでした。そもそも彼らの時代に福祉国家の機能などあったとしても貧弱なものでしかありませんでした。また、国営鉄道のようなインフラは、社会主義建設の土台となりうるものとされ、破壊どころか保護の対象となりました。それならば「破壊するべき国家」と「破壊するべきでない国家」の境界線は何なのでしょうか。「社会主義建設の土台になりうるかどうか」でしょうか。この基準は、あながちおかしなものではありません。しかしまた、「できあいの国家機関をそのまま引き継ぐことはできない」のであれば、そうした「土台」もまた粉砕とは言わないまでも「作り変え」の対象になるはずでしょう。

私たち人民大衆全体にとって必要な公共サービスを供給する機構としての国家はやはり必要であり、それが可能なかぎり人民大衆のニーズにあった質と分配のされ方を保障されなければなりません。さらに、教育・医療・出産・介護などの分野は、全国どこでも一律に同じ質のサービスを供給できなくてはなりません。東京は産業が集中しているので都の財政がまだ健全だから社会保障を充実させるが、地方の限界集落は財政破綻しているから社会保障は切り捨てて良いという話にはなりません。だとすれば、国家が再分配するしかありません。

また、マルクスのパリ・コミューン論で描かれたような公務の交代制についての牧歌的な展望も二一世紀の今日、どこまでリアリティがあるのでしょうか。今日の社会は自然科学が高度に発達したことを背景にして高度な科学技術の実用化が特徴となっています。そのためそうした科学技術を使いこなす専門人が必要とされます。現代の官僚機構は、そうした専門人を多く組織化しています。こうした専門人を素人で代替できるのでしょうか（もちろん、三・一一以降の事態で、私たちは専門家と称する人々の多くがいかに権力構造に奉仕する「御用学者」に過ぎないかを再確認したのですが）。ヴェーバー官僚制論によれば、官僚機構は放っておけばひたすら肥大し自らの権限を強化・拡大しようとする機械（鉄の檻）でした。しかし今日では財政難を理由に民間委託が進んでいます。官僚制は、思われていた以上にフレキシブルな構造をもっていることがわかってきています。単なる「破壊」とは異なる働きかけが住民大衆の側から、特に地方公共団体に対してなされてきた住民運動の蓄積もあります。

おわりに―階級分化・戦争の兆候・革命の予感？

元世界銀行エコノミストのブランコ・ミラノヴィッチによれば、一九八八年から二〇〇八年までの地球上の人びとの所得の伸びを調べると、一番上昇率が大きかったのは中国やインドなど新興国の中流階級で、その次に大きかったのが世界の超富裕層だという。逆に所得が伸びなかったのが新興国との国際競争にさらされてきた先進国の中流以下の階級です（ミラノヴィッチ『大不平等』など）。グローバル化による恩恵を受ける層と受けられない層に世界が分極化する傾向が指摘されています。拡大する不平等に不満をもつ層が増えています。

中東情勢の流動化や欧米日諸国の政治のポピュリズム化により局地的な戦争の危険性は高まっています。しかしまた、二〇世紀の世界戦争のような大規模なものは展開不可能でしょう。その意味では、「全体戦争（総力戦）から革命へ」というロシア革命型の変革のシナリオは想定しにくいでしょう。またすべての力を国家権力の掌握へと絞り込む戦略・戦術が潰してしまう未発の可能性も多くあるのではないでしょうか。国家ではなく社会の活力と人民大衆の権限を増大させることで、社会全体を変える構想力が求められています。

ロシア革命に際して生じた二重権力状態を克服する形で登場したソヴィエト（全ロシア労

働者農民兵士評議会）、つまりは議会を解散させることでその機能を飲み込んでしまった「憲法制定権力／構成する権力」としてのソヴィエトとは、民衆の「自己権力」とも呼ぶべき究極の社会のあり方です。民衆が大挙して政治に参加し、自ら決定を下し執行するという姿は、ジョン・リードが活写したとおり、感動的でさえあります。しかしまた、それは革命の熱狂が過ぎ去った後には長続きしないだろうと思われます。それにもかかわらず、二一世紀の今日、さまざまな決定過程に参加したい、あるいは当事者である自分たち抜きに物事を決められたくないという人々の欲望は高まっていると見るべきでしょう。

来たるべき革命は、機動戦か陣地戦か、情報戦か空間占拠戦か、といった戦術レベルでの議論をする前に、そもそも私たちが目指すべき社会とはどのような社会なのかという戦略レベルでの議論をしないと、ロシア革命を参照点とする左翼は二一世紀の遠くない将来に消滅するでしょう。そうならないための議論を、ロシア革命一〇〇年に際しても継続することが必要だと私は考えます。

【文献目録】
芦部信喜『憲法制定権力』東京大学出版会、一九八三年
上村忠男監修・イタリア思想史の会編訳『イタリア版「マルクス主義の危機」論争――ラブリオーラ、クローチェ、

ジェンティーレ、ソレル』未來社、二〇一三年
カウツキー、カール『民主主義か独裁主義か』赤松克麿訳、『社会思想全集』第一二巻所収、平凡社、一九二九年
――『民主政治と独裁政治』來原慶助訳補、廣文館、一九二一年
木村靖二『第一次世界大戦』ちくま新書、二〇一四年
クラウゼヴィッツ、カール・フォン『戦争論』上下、清水多吉訳、中公文庫、二〇〇一年
グラムシ、アントニオ「『資本論』に反する革命」『革命論集』上村忠男編訳、講談社学術文庫、二〇一七年
――『新編 現代の君主』上村忠男編訳、ちくま学芸文庫、二〇〇八年
――『愛よ知よ永遠なれ――グラムシ獄中からの手紙』第三巻、大久保昭男・坂井信義訳、大月書店、一九八二年
シィエス、エマニュエル＝ジョゼフ『第三身分とは何か』稲本洋之助・伊藤洋一・川出良枝・松本英実訳、岩波文庫、二〇一一年
シュミット、カール『憲法論』阿部照哉・村上義弘訳、みすず書房、一九七四年
――『独裁――近代主権論の起源からプロレタリア階級闘争まで』田中浩・原田武雄訳、未來社、一九九一年
――「議会主義と現代の大衆民主主義との対立」『現代議会主義の精神史的状況』樋口陽一訳、岩波文庫、二〇一五年
ネグリ、アントニオ『構成的権力』杉村昌昭・斉藤悦則訳、松籟社、一九九九年
バーリン、アイザイア「二つの自由概念」『自由論』小川晃一・小池銈・福田歓一・生松敬三共訳、みすず書房、一九七一年
ミラノヴィッチ、ブランコ『大不平等――エレファントカーブが予測する未来』立木勝訳、みすず書房、二〇一七年
ルクセンブルク、ローザ『ロシア革命論』伊藤成彦・丸山敬一訳、論創社、一九八五年

レーニン、ウラジーミル『プロレタリア革命と背教者カウツキー』全集刊行委員会訳、国民文庫、一九五三年
和田春樹『歴史としての社会主義』岩波新書、一九九二年
Kautsky, Karl, *Die Diktatur des Proletariats*, Wien, J. Brand, 1918.
—, *Demokratie oder Diktatur*, Berlin, P. Cassirer, 1918.
Kautsky, Karl, *Die Diktatur des Proletariats*, Wien, 1918; W.I. Lenin, *Die proletarische Revolution und der Renegat Kautsky*, Moskau, 1918; Karl Kautsky, *Terrorismus und Kommunismus*, Berlin, 1919, Band 1, Herausgegeben von Hans-Jürgen Mende, Dietz Verlag Berlin, 1990.
Trotzki, Leo, *Terrorismus und Kommunismus*, Hamburg, 1920; Karl Kautsky, *Von der Demokratie zur Staatssklaverei*, Berlin, 1921, Band 2, Herausgegeben und mit einem Nachwort versehen von Hans-Jürgen Mende, Dietz Verlag Berlin, 1990.

【なかむらかつみ】一九六三年生まれ。中央大学・群馬大学非常勤講師。二〇世紀イタリア政治思想史専攻。論文に「ヘゲモニーの系譜学――グラムシと現代政治思想」（杉田敦編『講座 政治哲学 第四巻 国家と社会』岩波書店、二〇一四年）、「オペライズモの光芒――トロンティの社会的工場論と〈政治〉」（市田良彦・王寺賢太編『現代思想と政治――資本主義・精神分析・哲学』平凡社、二〇一六年）など。訳書に、ネグリ『戦略の工場』（共訳、作品社）、アガンベン『例外状態』（共訳、未來社）、ボッビオ『光はトリノより』（青土社）など。

コメント1

二一世紀におけるマルクス主義とロシア革命の教訓

湯川順夫

お二人の膨大な報告に対して直接何か応答するというよりも、報告を聞いて感じたことについていくつか発言することにしたいと思います。

まず最初にロシア革命に関する私の立場について簡単に述べておきます。現在の地点からあのロシア革命をどう見るのかをめぐって、あれは結局ボリシェヴィキのクーデターだったのではないのかとか、十月革命が起こらず臨時政府のままで推移したらロシアはもっと民主主義的になったのではないか、あるいは、十月革命によるボリシェヴィキの権力獲得が結局スターリニズムを必然的に招いたのではないか、という議論がいろいろと出てきていますが、私はそのようには考えません。たしかに、権力獲得後のボリシェヴィキの諸政策についてはきちんと批判的総括をしなければならないとは思いますが、ボリシェヴィズムとスターリニズムとは一直線に結ぶことのできないものであって、後者にいたるまでに多くの複雑な出来事があり、両者の間には質的な断絶があるという立場に私は立っています。このことをまず最初に言っておきたいと思います。

複数性と代表制の問題

最近、物覚えが悪くなって、すぐに話を忘れてしまうので、報告の順番とは違いますが、最初に中村さんの報告の方からコメントをしたいと思います。

まずカウツキーとローザ・ルクセンブルクが述べている多元制、複数制の問題についてです。カウツキーの議論についてはそれほど知っているわけではないのですが、ローザの『ロシア革命論』については読んでおりますので、いちおう承知しております。この問題については、トロツキーはさまざまな経験を通じて、一九三〇年代の最後の時期になって書いた『裏切られた革命』の中で総括的な見解を述べていて、その中で、ソヴィエトにもとづく複数政党制を提起しています。この問題に関してダニエル・ベンサイドという人は、『二一世紀マルクス主義の模索』という著作の中で、より具体的に次のように述べています。

階級と党と国家との区別は、政党および労働組合の複数制の承認の中に表現されなければならない。これだけが、社会のすべての大問題についての綱領の対立およびオルタナティブの選択を可能にする。地方権力機関との見解の交換だけでは十分ではない。

政党だけでなく、労働組合、団体、女性運動が直接的な意見表明と統制の権利を持ち、生産評議会と地域評議会とを結びつけた民主主義の形態が必要である。

選ばれた者が有権者に責任を持つと同時に、有権者は選出した者をリコールする権利を持つ。代表への権限委託は強制委託であってはならない。強制委託は選出された者による議会でのいっさいの討論機能を妨げてしまう。

権力の個人化と専門化を制限するために、選出された者の兼任と委託権限の更新を制限し、選ばれた者の報酬を熟練労働者または公共サービス部門の労働者の賃金水準に制限すること。

権限を分権化し、管轄を市民に最も身近になるよう地区・地域・全国レベルで再分配すること。それにはさらに次の権利が伴わなければならない。すなわち、直接の影響を受ける決定について下級機関が拒否権を持つこと、住民の発意で住民投票という手段に訴えることができるようにすること。（ベンサイド『二一世紀マルクス主義の模索』柘

植書房新社、二〇一一年、六三～六四頁）

以上のように、ダニエル・ベンサイドは、間接民主主義と直接民主主義とを結合するような具体的な構想を、来たるプロレタリア独裁における複数制の問題として提起しているわけです。われわれはこういう問題を今後討論していかなければならないと思います。

さらにダニエル・ベンサイドは、最近の経験を踏まえて次のようにも言っています。

最近の諸経験、一九八〇～一九八一年のポーランドでの経験、一九八四年のニカラグアでの経験は、二院制システムの可能性を議題にのせることになった。すなわち、一方における普通選挙で直接に選出される代表機関と、他方における労働者、農民、より多くは人民のさまざまな連合的団体を直接に代表する代表機関の二つからなる制度である。（同前、六四頁）

このようにベンサイドは問題提起していて、直接民主主義とともに、議会制の問題についても特殊な二院制を考えるべきではないかというふうに具体的な提起をしています。こういう問題についてもわれわれは討論していかなければならないのではないかと思います。

機動戦と陣地戦

次に、先進国における機動戦から陣地戦へという問題について簡単にコメントをしたいと思います。ちょうどグラムシはイタリア共産党の代表として一九二二年にコミンテルンの第四回大会に参加していて、その中でトロツキーなどが東方と西方における革命のあり方の違いについて報告を行なっており、それは中村さんが指摘されたとおりです。その部分を少し引用しておきます。

一九一七年一一月七日、わが党は国家の頂点に立った。だが、まもなく完全に明らかになったように、これは、内戦が終わったことを意味しなかった。反対に、わが国の内戦は、一〇月革命の後に初めて実際に大規模に展開され始めたのである。この事実は単に歴史的に興味深いだけではなく、西ヨーロッパのプロレタリアートにとって極めて重要な教訓の源泉にもなっている。（トロツキー「ソヴィエト・ロシアの新経済政策と世界革命の展望」、『社会主義と市場』大村書店、一九二二年、九〜一〇頁、訳文は必ずしも既訳どおりではない）

トロツキーはこう述べて、「なぜ、このような経過をたどったのだろうか」として、ロシアにおける後進性について、ロシアにおけるブルジョアジーの脆弱性について述べています。これをすべて引用すると長くなりますが、要するに、東方においては権力を獲得することは簡単だが、その後に内戦という形で非常に困難な闘いが展開され、社会主義建設を進めるのは大変だ。だが西方では、つまり西ヨーロッパでは、ブルジョアジーはすでに革命に対してずっとよく準備ができており、権力を獲得することは非常に困難で、長期的な取り組みが必要になると述べ、ヘゲモニーの問題だとか、統一戦線の問題について提起しているわけです。

陣地戦の問題についてグラムシは「獄中ノート」で詳しく論じていますが、その後、トリアッティらが解釈しているような陣地戦論にはいささか問題があるように思われます。つまり、いつまでも陣地戦をずっと続けていけばいいんだ、ひたすら改良を積み重ねていけば、資本主義社会を根本的に変えることができるんだという解釈ですね。こういう陣地戦論が、いわばグラムシの権威を借りてなされているというわけですが、私はそんな単純なものではないだろうと思います。中村さんも一番最後のところでそのようなことを言っていたと思います。

たとえば、東方においても陣地戦は存在したわけです。二月から一〇月にかけて、ソヴィエトの中で、そこに結集しているさまざま党がそれぞれのスローガンを掲げ、さまざまな要求を提起し、民衆の支持を争ったわけです。ボリシェヴィキもそうした党の一つであり、これらの党の中でしだいにボリシェヴィキへの支持が拡大していったわけですから、これは陣地戦ですよね。ボリシェヴィキは別に武力でそれを強制したわけではありません。ボリシェヴィキが蜂起へと進んだのは、ソヴィエトで多数を取ってからのことです。そういう意味で東方においてだって、一つの革命の中で陣地戦と機動戦の両方が存在していたわけです。同じことは西方においても言えます。たとえぎりぎりまで陣地戦が遂行されたとしても、最終的には決定的な権力の問題が提起され、資本主義と決別するのかいなかという局面が訪れることになり、その場合に機動戦への転換ということが先鋭な問題になると思います。

ですから、西方では陣地戦、東方では機動戦という風な単純なものではないのではないかと思います。

二一世紀におけるヘゲモニーと統一戦線

時間がないので、次に森田さんの報告に移ります。ロシア革命を国際革命の中でとらえるという点に関しては、もちろん私は基本的に賛成です。その中で、「第二の波」において、一九二〇年代から三〇年代にかけて残念ながらスターリニズムによるテルミドールが確立され、それと同じ頃にドイツでは革命が敗北し、やがてファシズムが勝利することになります。スペインの人民戦線も敗北します。

そういう過程をたどって、この「第二の波」の後半を迎えることになります。そうした形で歪められていたとしても、ソ連・東欧における一定の「社会主義」建設の進行、先進国における社会民主党と共産党を主導勢力とする労働者運動の発展、ソ連・東欧における反官僚革命の動きなどがありました。この三つの動きは相互に緊密に連動することはできなかったわけですけれども、それでもそういう圧力が支配層をして、さまざまな権利や平等、とりわけ森田さんが言っているような女性の権利や少数民族の権利、社会保障の権利といったものを、やむをえず、しぶしぶながら認めざるをえなくしたわけです。そういう時代が、一九八九年から一九九一年にかけての時期まで、つまりベルリンの壁の崩壊からソ連邦の崩壊に至る時代までは続いてきました。今日ではわれわれは、新自由主義のもとでのグローバリゼーションに直面しています。

こうした中で支配層は、これまで心ならずも譲歩してきたものを丸ごと取り返そう、労働者や女性の既得権を奪い返そうとしており、新自由主義はそういうきわめてイデオロギー的であるとともに現実的な試みであろうと思います。これが今日のわれわれが直面している問題であり、われわれはこうした中で何をなすべきなのかが問われているわけです。

森田さんが報告で述べたように、ロシア革命を担ったのは大都市に結集した工場労働者、たとえばプチロフ工場のような重工業の労働者だったし、失敗したとはいえドイツ革命を担ったのも大工場における重工業労働者でした。イタリアでも工場評議会運動を担ったのはトリノの大工場労働者でした。そうした労働者こそが、二〇世紀において社会主義を目指す主体として想定されていたようなプロレタリアートだったわけです。

もちろん、「プロレタリアート」といっても、さまざまな労働者がその中には含まれており、均質ではないわけですが、それでも二〇世紀においてはそうした大工場労働者がプロレタリアートの中心として運動を担ってきたのは間違いありません。ところが、現在ではそのような古典的なプロレタリアートが、その後の産業構造の転換や現在の新自由主義的攻撃の中で後退して、見えなくなってきているというのが、現在の状況であります。

そうすると、先ほどから述べられているようなヘゲモニーの問題、統一戦線の問題をどうするのかという問題が改めて提起されます。少数民族の運動、女性の運動、反原発の運動、さまざまな運動がある中で、プロレタリアートの側が、われわれは労働者の運動なんだから、われわれのヘゲモニーに従えとは言えないわけですね。しかしだからといって、すべて横並びで、単純に連合して、ということでいいのかという問題が存在します。

ここでも私はベンサイドに依拠しますけれども、そういう中でどのような形で統一や連合が可能になるのかというと、やはり現在の支配体制の総本山である資本に対する闘争を通じて、はじめてそうした諸戦線における連合が可能になり、本格的な統一が可能になるのではないかと思います。

最後に一つだけ。もちろん今は非常に困難な時代で、防衛戦をわれわれはやっているわけですが、そうした中で当然、ではわれわれの展望はどうなるのか、今後どのような道が開けてくるのかという疑問が出てくると思います。しかし、われわれは現在の防衛戦をやり抜くことでしかそういう展望は出てこないと思います。頭の中でいろいろ構想したとしても、現実性を持つとはかぎりません。ソヴィエトそのものも労働者が下から、実際の闘争の中でつくり出したものです。ですから、現在の闘いをやっていく中で、展望が開けてくるのではないかと今は思っています。私のコメントは以上になります。

【ゆかわのぶお】一九四三年生まれ。翻訳家。訳書に、ジルベール・アシュカル『アラブ革命の展望を考える――「アラブの春」の後の中東はどこへ』(共訳、柘植書房新社、二〇一八年)、エルネスト・マンデル『第二次世界大戦とは何だったのか』(共訳、柘植書房新社、二〇一四年)、區龍宇『台頭する中国その強靭性と脆弱性』(共訳、柘植書房新社、二〇一四年)、ダニエル・ベンサイド『マルクス〈取扱説明書〉』(共訳、柘植書房新社、二〇一三年)、ダニエル・ベンサイド『二一世紀マルクス主義の模索』(柘植書房新社、二〇一一年)、ダニエル・ベンサイド『新しいインターナショナリズムの胎動』(共訳、柘植書房新社、二〇〇九年)、ジルベール・アシュカル『野蛮の衝突』(作品社、二〇〇四年)など。

報告3

ロシア革命論はいかに継承されたのか

―中国・陳独秀を中心に

江田憲治

はじめに

二〇一七年一〇月一八日、中国共産党第一九回党大会の報告の中で総書記習近平は、歴史を回顧し、以下のように述べました。―「一〇〇年前、十月革命の砲声がとどろいて、中国にマルクス・レーニン主義が送り届けられた」。「中国の先進的な人々」がマルクス・レーニン主義に活路を見出し、近代以降の中国社会の激動と、中国人民の反封建・反侵略の闘争の中で、「マルクス・レーニン主義が中国の労働運動と結びつく中で、一九二一年ついに中国共産党が誕生した」、と（新華社）。

しかしながら、政治指導者が歴史を回顧するのは、多くの場合自らの価値観を歴史にあてはめ正当化するためであって、客観的な事実の解明のためではありません。わが国のある政治家（かりにA氏と呼んでおきますが）が行なった一昨年の「戦後七〇週年談話」の場合もそうですし、[1] 習近平演説も例外ではありません。たとえば、「十月革命の砲声」が「中国にマルクス・レーニン主義」を送り届けたとかいうのは、そもそも毛沢東の「人民民主独裁について」（一九四九年六月三〇日）に見える言葉なのですが、これは誇張表現にすぎません。ロシア革命についての最初の知識を得た当時、中国の知識人はアナキズムの主張をボリシェ

註

（1）A氏は、自分の祖父がかの日本帝国の傀儡国家「満洲国」の大立者であったためか（A氏の祖父は、関東軍参謀長東條英機、「満洲国」政府総務長官星野直樹、満洲重工業開発株式会社社長鮎川義介、そして満鉄総裁の松岡洋右と並んで、「二キ三スケ」と呼ばれました）、この傀儡政権を生み出した満洲事変につき、「戦後七〇週年談話」で、無茶なことを述べています。世界恐慌後の欧米諸国の「経済のブロック化」が日本を追い詰めたため満洲事変が起こったのだ、というのです。しかし、「ブロック経済」政策は、一九三二年（！）開催のイギリス連邦オタワ会議で決まったのですから、一九三一年の満洲事変の原因になるはずはありません。侵略の意図を糊塗するための、完全な歴史の歪曲です。

こうした歴史の歪曲は、本報告でも、中国革命の過程でスターリニストが行なった事例として指摘することになります。

ヴィズムのそれと混同していたくらいですから（マルクス主義を中国に紹介したことで有名な北京大学の李大釗の「Bolshevism の勝利」（一九一八年）も、そうでした）。

また、「マルクス・レーニン主義が中国の労働運動が結びつく中で」、中国共産党が成立したと習氏が述べるのは、歴史事実の誤認でなければ、やはりかなりの過大評価です。中国の労働運動が政治に影響を及ぼすほどの規模と質で登場したのは、一九一九年の五・四運動における上海ストライキ（約一〇万人）でのことですが、この時ストライキに関与した「マルクス・レーニン主義」者は一人としていませんでした。また一九二一年七月、中国共産党の第一回全国大会時の五十余名のメンバーのうち、労働者は数名にすぎませんでした。実際に中国の共産主義者の運動と労働者の運動とが結びついて、はっきりとした政治潮流をつくりあげるのは、一九二二年以後、とりわけ一九二五年の五・三〇運動でのことなのですが（この時中共は、上海で一五万人のゼネストを指導し、組織労働者二〇万を獲得します）、これらのことを習近平氏がスルーしているのは、彼らが指導理念に掲げる「毛沢東思想」とは何の関連もないし、詳しく述べてしまえば、彼らが党史の上で今なお批判の対象としている ある人物の「功績」を連想させてしまうからかもしれません。五・四運動の時期、青年と学生たちに大きな影響力を持っていたその知識人、そして五・三〇運動の時点で中共の総書記であったある人物とは、のちコミンテルン・ソ連のスターリン派によって糾弾され、トロツキストに転向して彼らと戦うことになる陳独秀であったのです。

もちろん、ロシア革命が中国革命の実現に大きな影響を与えたことは、習近平氏の指摘を待つまでもなく確かです。ですが、それは習氏のように事実と異なる「公式」のごとく述べてよいものではありません。半植民地国家中国の知識人たちが、どのように社会主義国家の建設をめざし得たのか、ロシア革命の経験がどのように注目され、また重視されたのか、これらの点での検討を踏まえた上で、「ロシア革命一〇〇周年」における二つの意味での革命の接続――(1)ロシア革命と中国革命の接続、そして(2)ブルジョア民主主義革命とプロレタリア社会主義の接続、が問われねばなりません。なぜなら、こうした二つの意味の接続を問うことが、私たちが今日の中国共産党史の課題に、あるいはあえて強調して言えば、「世界史」の課題に取り組むことを意味すると考えるからです。

1、「直接社会主義革命論」とコミンテルンの批判

中国共産党の成立とマルクス主義受容ー陳独秀を中心に

こうした⑴ロシア革命と中国革命の接続、そして⑵ブルジョア民主主義革命とプロレタリア社会主義の接続、という課題の解明の点で重視すべき人物がいます。思想の上でも行動の上でも民主主義者として出発し、一世を風靡した文化運動のリーダーとなり、「文化の季節」が終わるや社会主義に関心を寄せ、ロシア革命に学んで中国共産党ついでトロツキストの指導者となり、孤立を恐れずに最後まで民主主義と社会主義についての思索を続けた、「はじめに」でも触れた陳独秀という人物です。彼は、ロシア一九〇五年革命の四半世紀前に生まれ、一九一七年革命の同じく四半世紀後に世を去りました（一八七九～一九四二年）。まず、この陳独秀の経歴を辿ることから、私の報告を始めさせていただきたいと思います。ロシア革命論の中国革命への影響を考える上では、けっして無視することができない人物だからです。

陳独秀は、中国安徽省の豊かとはいえない知識人家庭に生まれました。伝統的な官吏登用試験である科挙の受験を途中で放棄したのち、日本に留学します。さらに郷里に戻って口語雑誌を創刊し、また一九一一年に辛亥革命が勃発するとこれに参加、安徽省の地方革命政権で秘書長を務めました。革命挫折後の一九一五年、陳独秀は今度は政治から文化へと自らの道を転換、上海で『青年雑誌』（二年目からは『新青年』と改称）の刊行を開始します。彼は、「デモクラシーとサイエンス」を中心に西洋文明を中国に紹介し、そのことで社会の改造を図ろうとしたのです。進化論や社会主義の紹介、外国文学作品の翻訳、女性解放論、家族制度批判、儒教批判、そして文学革命の主張。最初の近代口語小説である魯迅の「狂人日記」も『新青年』に発表されました。この雑誌は、最盛時二万部も発行され、学生・知識人の支持を得、多くの読者を獲得しました。陳独秀はそしてまた一九一七年一月、北京大学の文科学長（文学部長）に招聘されました。雑誌『新青年』と北京大学は、今日「新文化運動」と呼ばれている運動の両輪であったのですが、陳独秀は、その双方におけるキーパーソンでした。彼こそは、この新文化運動のリーダーだったのです。

しかしながら、こうした「文化の季節」は長続きしませんでした。きっかけとなったのは、一九一九年一月、第一次世界大戦の講和会議がパリで始まったことでした。日本はこの時列強に働きかけ、自身が占領していた中国山東省のドイツ権益を中国に返還するのではなく（中国は一九一七年に参戦し、戦勝国の立場でした）、その確保を図ったのです。中国では大きな反発の声が巻き起こります。陳独秀もその一人であり、前年一二月創刊の週刊新聞『毎週評論』で批判の論陣を張ります。さらに北京の学生たちは五月四日、天安門前に集結して抗議デモを行ない（のち親日派高官の邸宅を襲撃）、六月初めには禁じられていた街頭宣伝活動を開始したため、千名近くの学生たちが逮捕されました。このニュースが上海に伝わるや、今度は六月五日、商人とともに労働者がストライキに立ち上がります。この影響は大きく、一〇日、政府は親日派高官の罷免を発表、ヴェルサイユ条約の調印にも参加しませんでした（この間、陳独秀は、「直接行動」を呼びかける「北京市民宣言」のビラをまき、官憲に逮捕されています）。

したがって、この五・四運動は、近代における民衆運動、とくに労働者のストライキが政治を動かした初めての事例でした。しかも、一九一九年は世界的にもイギリスやアメリカ合衆国などで労働運動が高揚していた年でした。このため、知識人の中には、労働運動と社会主義（マルクス主義に限られません）に関心を寄せる人々が現われます。陳独秀もその一人でした。彼は、一九一九年一二月、論文で労働組合と地域のコミューンを基礎とする民主主義社会の実現を主張しましたが、これはロシアのアナキストであるクロポトキンの主張に倣ったものでした。また、上海の紡績女工の劣悪な待遇が新聞などで議論となったとき、女工賃金に対する「剰余価値の収奪」を指摘して資本家批判の文章を書きましたが、ただし、解決策として提起したのはCo-operative Society（協同社会）論でした。さらに、一九二〇年四月に行なわれたある労働組合の結成大会での演説（「労働者の自覚」）では、労働者は待遇改善の運動から「労働する人自身が立ち上がって政治・軍事・産業を管理するよう求める」段階へと進むべきだ、「たとえ当面それが実現できなくとも、そのことを考えるのは何ら差し支えない」と、かなり婉曲な物言いで社会主義への展望を述べます。なおこの頃、彼はしだいに上海の労働団体に影響力を持つようになり、一九二〇年の上海ではじめて開催されたメーデーでは、大会顧問となっています（江田憲治『五四時期の上海労働運動』同朋舎出版）。

しかし、こうした社会主義と実際の運動に接近していた知識人が、マルクス主義（特にプロレタリア独裁論）を受容し、中国共産党の結党へと向かうのは、やはりソヴィエト・ロシアからの使節（ヴォイチンスキーら）が、中国に派遣されてきた後のことになります。中国共産党の建党に寄与した人物としてしばしば、当時上海にいた陳独秀と北京にいた李大釗とが並称されますが（「南の陳・北の李」といった言い方がされます）、実際には、ヴォイチンスキーが社会主義に関心を寄せる知識人らに結集をうながすのは、李大釗との会見後ではなく、上海で陳独秀らと会見（一九二〇年五月頃）してからのことでした。陳独秀たちは、六月には党の雛形になるグループを形成し、一一月雑誌『共産党』を刊行、事実上の結党を果たします（石川禎浩『中国共産党成立史』岩波書店）。この雑誌の創刊宣言にあたる「短言」で彼は次のように述べました。――「奴隷の境遇から逃れたいのなら、議会派の欺瞞に耳を貸してはならないのであって、われわれは階級戦争という手段であらゆる資本階級を打倒して彼らの手から政権を奪うしかない。そして労働独裁の制度で労働者の政権を守り、労働者の国家を打ち立てて国家というものをなくし、資本階級が永遠に生まれないようにするしかない」（『陳独秀文集』第二巻、平凡社東洋文庫。以下、陳独秀の文章は、同文集第二巻および第三巻の翻訳によります）。

中国共産党の「直接社会主義革命論」とコミンテルンの批判

この上海グループにつづいて、北京や済南、武漢、長沙、広州などにも共産主義者のグループが形成されました（大きなもので十数名、小さなものとなると二名しかいませんでしたが）。一九二一年六月、オランダ人革命家でコミンテルンの中国代表マーリン（スネフリート）が上海に到着すると、これらのグループの代表と日本の留学生に対し、中共第一回全国大会への参加が呼びかけられました。大会は翌七月に上海のフランス租界で開かれました（ただし、陳独秀は当時広東省教育委員会の委員長の任についていたため、出席していません）。この大会で採択された「中国共産党の最初の党綱」は、「わが党は『中国共産党』と称す」「わが党の綱領は次の通りである」と述べた上で、以下のように主張しています（日本国際問題研究所中国部会編『中国共産党史資料集』第一巻、勁草書房）。

A　プロレタリアートの革命的軍隊をもって資本家階級を倒し、労働階級による国家を建設し、もって階級的差別を消滅させる。

B　プロレタリアートの独裁を採用し、もって階級闘争の目的━階級の消滅━を実現する。

C　資本の私有を廃止し、全生産手段━たとえば、機械、土地、建物、半製品等々

——を没収し、社会的所有に帰する。

D　第三インターナショナルと連繋する。

「プロレタリアートの革命的軍隊」というのは、武装蜂起した労働者階級の隊伍についての言い回しでしょう。それによって、「資本家階級を倒し、労働階級による国家を建設」すると言うのですから、これを私は「直接社会主義革命論」と呼んでいます。中国の共産主義者がロシアの革命論から受けとめた第一のモデルがこれであり、きわめてマルクス主義の原則に忠実なものでした。

彼らの主張が、ロシア革命（十月革命）をモデルとしていたことは、前年の別の文献（「中国共産党宣言」一九二〇年一一月）にも、

> 共産党の任務は、この階級闘争の勢力を組織し、集中させ、かの資本主義を攻撃する力を日々増大させることである。
> このことの成功のためには、労働者・農民・兵士・水兵と学生に向けての宣伝がなされねばならない。目的はいくつかの大規模産業組合を組織し、これらを連合して産業組合連合会とし、さらにまた一個の革命的プロレタリアートの政党——共産党を組織することである。共産党は、まさしく一九一七年のロシア共産党が行なったように、

革命的プロレタリアートを率いて資本家に対して闘争し、資本家の手から政権―この政権は資本家の国家を維持している―を獲得し、この政権を労働者と農民の手に置かねばならない、

とあることからも知られます。「一九一七年のロシア共産党〔ただしくはボリシェヴィキ〕」と言うのですから。また運動の宣伝対象として、「水兵」にまで言及がなされているのは、一九〇五年革命での戦艦ポチョムキンの反乱や、十月革命におけるクロンシュタット水兵の活躍が当時の中国知識人にもよく知られていたからだと思われます（もっとも、以後の中国革命運動の歴史の中で、「水兵」が役割を果たすことは、ほとんどありませんでした）。

なお、中共第一回全国大会の「綱領」には、「黄色知識階級および他の類似政党とのあらゆる関係は、完全にこれを断ち切る」との条項がありました。彼らは、この時点で、自らの政党単独での革命を目指していました。コミンテルン代表であったマーリンは、この点を（後述のコミンテルン決議をもとに）たしなめようとしたようですが、成功しませんでした。

中国共産党は、「直接社会主義革命」を自党単独の力で達成しようとする、きわめて原則主義的な政党として出発したのです。

ところが、コミンテルンが一九二一年一月、列強のワシントン会議に対抗するため招集した極東勤労者大会（中国からは中国共産党・中国社会主義青年団・中国国民党などから三九名が参加）

で、コミンテルンの理論家サファロフは、「中国は直接的ソヴェト化を伴う、さし迫った共産主義革命に直面してはいない」とし、中共党員たちの熱意に冷水を浴びせるかのような報告を行ないます。

中国の労働者大衆と彼らの先進分子である中国共産党が直面している最初の仕事は、外国の支配から中国を解放し、土地を国有化し、督軍〔省の軍政長官〕を打倒し、単一の連邦制民主共和国をうちたて、統一所得税を導入することにある。彼らは一方では督軍の犠牲となり、他方では大砲の餌食として使われている中国の農民大衆のために、連邦制統一共和国をつくらねばならない。

これら農民大衆は、革命の側にひき入れられねばならない。……

このサファロフ報告の背景にあったのは、一九二〇年七月、コミンテルン第二回世界大会で採択された「民族・植民地問題についてのテーゼ」(レーニン起草)でした。レーニンたちは、ロシア革命後、期待されたヨーロッパ先進国(とくにドイツ)における革命の連続が果たされなかったため、後進国・植民地の民族革命運動に期待をかけ、テーゼで、ソヴィエト・ロシア共和国は「植民地被抑圧民族のあらゆる民族解放運動を自らのまわりに結集せざるをえない」と述べていました。そして極東勤労者大会でコミンテルンは、孫文率いる中国国民党（当時中国南部の広東省で、北京の軍閥政権に対抗する政権を有していました）を「労働者・農民・勤労知識階級の民族的組織」「民族的革命組織」と見なし、「民族的革命運動を支持しない者は、共産主義プロレタリア革命運動に対する反逆者であると言わねばならない」と述べて、国民党との提携（国共合作）を中国共産主義者に命じたのでした。

ですが、それでは中国におけるプロレタリア革命は、「連邦制民主共和国」の樹立のあと、どのように展望されるのでしょうか。興味深いことに、コミンテルンの理論家の報告はこの点についてまったく述べてはいないのです。ただ「ソヴィエト思想の福音」が「宣伝されねばならない」としているだけなのです。レーニンはコミンテルン第二回大会で、「農民ソヴィエト、勤労者ソヴィエトという考えを、いたるところ、後進国でも植民地でも、宣伝するべきだ、「事情がゆるしさえすれば、どこでも、勤労人民ソヴィエトをつくることをただちに試みるべきである」と述べたのですが、国民党という選択肢を選んだコミンテルンは、中共にこうした「試み」を長く許そうとはしませんでした（以上、コミンテルン第二回世界大会と極東勤労者大会の文献は、いいだもも編訳『民族・植民地問題と共産主義――コミンテルン全資料・解題』社会評論社、を参照）。

2、陳独秀の「二段階連続革命論」といわゆる「二回革命論」言説

中共第二回大会「宣言」とレーニンの「プロレタリアートと貧農の独裁」論

したがって、中国の共産主義者たちは、(a)コミンテルンの指令としての、中国国民党と提携した民族革命運動への取り組みという課題と、(b)自らのプロレタリア社会主義革命に向けた希求を、自分たちの手で━もちろんロシア革命に学びながら━解決せねばなりませんでした。そのため、極東勤労者大会の半年後（一九二二年七月）に開かれた中国共産党第二回全国大会で、指導者であった陳独秀たちは、国民党などとの「民主連合戦線」樹立（中国共産党と中国国民党が対等の立場で連繫する）を主張する決議を採択、さらにその「大会宣言」では、次のような議論を展開しています。━民主主義革命が成功しても、プロレタリアートは「完全には解放されない」し、ブルジョアジーは「プロレタリアートと対立する位置に立つ」ことになる。したがって、「プロレタリアートはブルジョアジーに対抗し、『貧農との連合によるプロレタリア独裁』という第二段のたたかいを実行しなければならない。もし、プロレタリアートの組織力と戦闘力が強固であるならば、この第二段のたたかいは、

民主主義革命の勝利のあとに引き続いて、ただちに成功をおさめることができるはずである」、と（石川忠雄他訳『中国共産党五年来の政治主張』関西大学東西学術研究所）。

中国共産党は、この後、第三回党大会（一九二三年六月）、第四回党大会（一九二五年一月）でもこうした「宣言」＝対外的なアピールを作成していますが、プロレタリア革命への展望を述べているのは、この第二回大会のものだけです。注目すべきは、(a)ブルジョア民主主義革命ののち、条件つきながら〈次なる革命〉が「ただちに成功するであろう」とし、(b)〈次なる革命〉が達成すべきは「貧農との連合によるプロレタリア独裁」としていることです。彼らはこの「宣言」で、プロレタリアはブルジョア勢力と連合戦線を組み、ブルジョア民主主義革命に取り組む、しかしその過程で勢力を増大させることができれば、ただちに〈次なる革命〉に進める、と表明したのです。

なお、ここに見える「貧農との連合によるプロレタリア独裁」とは、恐らく「四月テーゼ」以後のレーニンの言説にもとづくものではないかと思います。「四月テーゼ」でレーニンは、「ロシアにおける現在の時機の特異性は、……プロレタリアートと貧農層の手中に権力をわたさなければならない革命の第二の段階への過渡ということにある」と述べ、「革命の第二段階」では「プロレタリアートと貧農」が権力を握るべきだとしたのですが、その後も、十月革命までの言論の中で「半プロレタリア〔貧農〕に支持されたプロレタリアートの権力」へと進むべきことを繰り返し説いているからです（大月書店版『レーニン全集』第二四、二五巻参照)。レーニンが「貧農に支持された」とした部分を、「貧農との連合による」と訳したことになるのですが、レーニンは「プロレタリアートと貧農の独裁」という言い方もしているので、陳独秀たちはほぼ正確に、十月革命前夜のレーニンの主張を理解していたことになります。(2)

したがって、これは、陳独秀たちがロシア革命から学んだ第二のモデルです。レーニン的なモデルと言っていいかもしれません。

ところで、この中共第二回大会「宣言」の起草者の一人であり、中共の指導者(中央執行委員会委員長、のち総書記)であった陳独秀の国共合作時期の革命論は、「二回革命論」として批判された(される)ことがあります。この「二回革命論」とは、国共合作下の国民革命が中共にとっての敗北に終わり(詳しくは後述)、そして陳独秀の指導が「日和見主義路線」として糾弾されたのち、彼の革命指導の根幹にあった理論的誤りとして、中共の指導者・理

註

(2) 石川禎浩氏の精緻な研究「中国共産党第二回大会について」(『東洋史研究』(六三巻一号)によれば、中共第二回大会の「宣言」には中共のものを含め、当時雑誌や新聞に公表された形跡がなく、中共が大会後に出版したパンフレット『中国共産党第二回全国代表大会決議案』にも収録されていません(公表は一九二六年五月の『中国共産党五年来の政治主張』)。このことは、この「宣言」がプロレタリア革命への展望を述べていたからかもしれない、との推測を報告者にもたらしました。

論家たちによって漸次（一九二八年から三〇年にかけ）「形成」されていったものなのですが、要するに、⑴プロレタリアの勢力を過小評価したこと、⑵ブルジョア革命とプロレタリア革命を非連続的に（その間に資本主義の発展によるプロレタリア勢力の拡大期という長期の中断期をはさむものとして）構想していたこと、⑶ブルジョア革命でのブルジョア勢力の指導権を認め、プロレタリアの指導権を放棄したこと、などと「定義」して強く非難するものでした。この非難は、以後、中国共産党史上での陳独秀非難の軸の一つとなり、日本での中共党史研究にも長く大きな影響を与えました。

陳独秀の革命論の実態―「二段階連続革命論」

たしかに、陳独秀は、一九二二年九月の論文「造国論」（『嚮導』第二期）で、今はまだ「〔ブルジョアジーとプロレタリアの〕二つの階級が連合する国民革命（National Revolution）の時期が成熟しているのみである」と述べ、両階級による「国民革命」を主張します。しかし、これは、同年八月の中央委員会（西湖会議）でコミンテルン代表マーリンが陳独秀らの反対を押し切って中共に命じた、共産党員の国民党への加入による国共合作（党内合作）を受け入れたばかりの時点での、初歩的な議論です。その目的は、党内に国民革命先行を説得することでした。

陳は一九二三年四月の論文（「ブルジョアジーの革命と革命的ブルジョアジー」『嚮導』第二二期）では、革命的なブルジョア勢力に対して、革命的なプロレタリアと妥協し「共通の敵」たる軍閥階級を打倒するよう呼びかけ、国民党が革命的ブルジョア勢力を包摂するよう求めました。また第三回大会（一九二三年六月）では、全党員を国民党に加入させることで、国民党との提携関係を樹立することを目指します。さらに同年一二月の論文（「中国の国民革命と社会各階級」『前鋒』二号）では、植民地・半植民地のブルジョアジーは、「単独では革命を行なうことはできない」が、その力は農民よりはまとまっており、労働者よりは「優勢」であるからには、彼らを軽視してはならない、と説いています。後者の論文ではブルジョア階級に対する評価が高いのですが、これは、コミンテルンの方針に従って国共合作の実現を最優先としたからにほかなりません。

しかも、陳独秀は、一二月論文で、彼らがめざしていた「国民革命（＝ブルジョア民主主義革命）」が成功すれば、「普通であれば、当然にブルジョアジーが政権を握る」が、

そのさいに特殊な環境があったりすれば、新たな変化が生まれるかもしれない。その時、労働者階級がどれほどの〔原文：若干〕政権を獲得できるかは、彼らの革命の過程での努力と世界の情勢にかかっている、

と述べていることは重要です。この陳独秀の議論からすると、ブルジョア革命でブルジョア階級が政権を握るとしても、プロレタリアも同様である、ということになるからです。[3]それがロシア二月革命後のような「二重政権」になる、とまで言明しているわけではありませんが、彼が「本音」の部分でそのように彼が考えていたことは、ありえないことでもなさそうです。

実際、陳独秀の党内での（つまり非公開での）発言となると、ブルジョア革命の後の〈次なる革命〉についての言及がはっきりと行なわれています。一九二六年七月（この月には、国民革命軍の北伐が始まっています。この北伐には、陳独秀は時期尚早だとして反対の立場でした）の中央委員会での「政治報告」でのことなのですが、彼は、ここで民族ブルジョアジーとの革命の指導権争奪の必要を説き、ブルジョア勢力のことを「将来の敵であり、一年か三年後の敵であることはわかっているが、現在は友軍」なのだ、という言い方をしています。

事実、国共合作はまさしく一年後の一九二七年七月に崩壊し、共産党は国民党政権打倒の武装暴動路線に転換するのですから、この点で陳独秀の「予言」は当たっていたのですが、そのことはさておいても、先に見た陳独秀の一九二三年一二月論文、そして、この一九二六年七月発言からすると、陳独秀はロシア革命に学び、「二段階連続革命」を構想していたことになります。ブルジョア革命の間に（「一年か三年」の間に）勢力を増大させたプロレタリア革命が短期間のうちに次なる革命を開始する、という構想であったことは、他の文献に照らしても間違いありません。

たしかに、陳独秀らは、ブルジョア革命とプロレタリア革命を段階づけて考えていました。国民党と提携してのブルジョア革命を優先せよ、というのがコミンテルンの指令（あるいは政策的枠組み）であったのですから、これはいわばやむをえないことだったのですが、〈次なる革命〉が短期間で成長したプロレタリア勢力によって担われると言ったのは、陳独秀であって、コミンテルンではありません。

コミンテルンはソ連の国益を重視し、それがゆえに〈次なる革命〉について自ら語ろうとはしませんでしたし、中共中央にも語らせませんでした。〈次なる革命〉が語られたのは、一九二六年一一月開会のコミンテルン拡大執行委員会第七回総会になってのことですが（「中

註

(3) なお、この引用の一段で用いられている「若干」の語が、長きにわたって誤読されてきました。中国語としては「わずかな」という意味とともに、「どれほど」という意味でもあるのですが、中国でも日本でも（中共党内でも研究者の間でも）、特に陳独秀の除名後、先入観が機能しました。ブルジョア階級が政権を握ると陳独秀が考えた以上、彼が獲得を構想したプロレタリアの政権など「若干の（わずかな）」ものにすぎなかったはずだ、と。したがって、たとえば、代表的な日本語訳である、日本国際問題研究所中国部会の訳は、「労働者階級はその時になにほどかの〔傍点引用者〕政権を獲得するであろうが」となっているのですが（『中国共産党史資料集』第一巻）、これは正しくありません。

国の情勢の問題についての決議」一二月一六日採択)、それは、中共を驚かせたことに、「プロレタリアが指導する国民革命が成功すれば、……資本主義から非資本主義(社会主義)に移行する政治環境が作られる」「国民政府は労・農・被抑圧階級の民主主義独裁となり」、さらに鉄道・水運・鉱山や重工業を国家の管理下に置いて「社会主義に進む」とするものでした。つまり、コミンテルンは国民党政権が社会主義政権となる、と規定したのです。このため、革命を段階づけていたとして、陳独秀ら中共政治局は自己批判の文書を作成せざるをえませんでした(決議の引用部分は、『中共中央文件選集』第三巻所収のこの文書にもとづきます)。

しかし、陳独秀ら中共はけっして国民党の「助手」の立場にとどまっていたわけでも、国共合作の枠内に沈潜していたわけでもありません。一九二六年の後半から翌年にかけ、上海では武装暴動が三度試みられ、二七年三月のそれでは、五・三〇運動で生まれた労働組合連合(上海総工会)の力を背景に、中共が労働者にゼネストを発令、武装ピケット隊の蜂起によって北方軍閥の部隊を駆逐します。この蜂起成功で、共産党主導の新たな市政権が樹立されました。この間、反蒋介石派で中共に近かった国民党左派は、広州の国民政府が北伐軍に占領された武漢へ移転することをチャンスと見て、この地で自派の政権を樹立していました(武漢左派政権)。当然、蒋介石は武漢左派にも中共にも反発します。左派と提携していた中国共産党は、蒋介石に向けての警戒のシグナルを発し、公然たる批判に踏み切りましたが、スターリンたちは耳を貸しませんでした。コミンテルンは、「事態を蒋介石との決裂にまで発展させてはならない」、と指示していたのです。

「二回革命論」言説の登場と中共党史での定説化

その結果は、悲惨なものでした。蔣介石は軍事力とテロにものを言わせ、中共指導下の上海市政権を打倒、労働組合の指導者や多数の民衆を殺害したのです（四・一二クーデタ）。このあと中国共産党は武漢で開かれた第五回大会（一九二七年四月）で、蔣介石ら右派を切り離して国民党左派との合作継続の方針を決定しますが、この方針が可能であるかに見えたのは、スターリンが電報で「五月指示」を発するまでのことでした。下からの土地没収、武漢政府と国民党の改組、共産党員二万の武装、労農五万の軍隊編成など国民党左派でも受け入れようもない政策を、しかも左派と共同して実行せよ、という指示は、七月、国民党左派が中国共産党を政権から放逐する結果をもたらしました。国民革命は中国共産党にとって敗北に終わりました。八月、共産党は、国民党政権全体を打倒する武装蜂起の方針に踏み切ります。

こうした経緯の中で、中国共産党が一九二七年八月に開いた緊急会議（八・七緊急会議）で、陳独秀の指導に革命敗北の責めが負わされ、「空前の妥協的な日和見主義路線」と厳しく糾弾されます。いま、われわれから見れば、責任は明らかにスターリンらのコミンテルンの指導にあったのですが、このとき、陳には反駁するすべがありませんでした。一年有余の思考のすえ、陳独秀は、スターリン派の誤りとトロツキーの中国革命論の正しさという結論にたどり着きます。そこで、陳独秀たちは、中国トロツキスト運動を開始し、コミンテルンの中国革命指導を糾弾したのです（「全党同志に告げる書」「われわれの政治意見書」一九二九年一二月）。陳独秀は、彼の国共党内合作に対する当初の反対や、一九二五年一〇月以降の度重なる国民党脱退要求など、革命史を総括しながらコミンテルンの政策を糾弾したのですから、もちろん、コミンテルン・中共中央の側も反撃します。その際、陳独秀の誤りを根本的なものと位置づけるため、先にも見た陳独秀の「二回革命論」なる批難用語が脚光を浴びます。この用語を最初に用いたのは、陳独秀の後を襲って党の指導者となった瞿秋白ですが、彼の発言後、批難はしだいに巧妙で執拗なものとなっていきます。

その結果、「陳独秀の二回革命論」は、一九二三年の中共第三回党大会の頃成立の、「いまはブルジョア革命なのだからプロレタリアートは全力でブルジョアジーを援助するべきだ、将来の社会主義革命は将来になってからのことだ」というものだと決めつけられました（李立三「一九二五年から一九二七年の中国大革命の教訓」）。つまり、一回目の革命と二回目の革命を切断し、非連続に考えたことが国民革命の敗北を招いたのだ、とする議論です。また、蔡和森というやはり中共指導者であった人物は、一九二九年末にモスクワで報告し、「日和見主義・メンシェヴィズム路線の典型」としての「陳独秀主義」を非難しました。陳独秀の理論的基礎はやはり第三回党大会前後に形成された、一二三年二月の京漢鉄道(北京—武漢)ストライキ敗北の結果、陳独秀は労働者階級の力を信じないメンシェヴィキの立場に転落した、その立場をもっとも代表するのが、同年四月と一二月の前掲二論文である、としたのです。

ですが、ここには、いかにもスターリニスト的なトリックと事実の無視があります。

実は、陳独秀の議論の中で、労働者階級の勢力に対する控えめな表現(「国民革命の重要な構成分子ではあるが……独立した革命勢力ではない」)は、一二月の論文だけにあって、四月論文にはありません。ところが、四月論文と一二月論文が同時に引用されることで、四月の段階で陳独秀は労働者階級を低く評価するようになっていた、それは(四月に近い)二月の時点で当時の中共がかなりの力を注いで戦った京漢鉄道ストライキが軍閥の武力弾圧で敗北したため、労働者の力を信用しなくなったからだ、というデタラメな論法を用いたのです。こうした、「事実」ではなく異論排除の力学を優先し、反対者の見解を断章取義的に(トロツキーの言い方に従えば、「アマルガム」の論法で)圧殺しようとしたのは、この時期の中共の政治文化にスターリニズムがすっかり浸透していたことを示すものだと思います。

さらに人民共和国成立後、第三回党大会で登場した陳独秀のブルジョア階級への「投降主義」は「二回革命論」あってのことであるといった議論が準党史というべき胡喬木の『中国共産党の三十年』（人民出版社、一九五一年）で述べ立てられ、研究者の間でも「二回革命論」は陳独秀の右翼日和見主義の理論的基礎であった、との見解が「定説」となっていきます。(4)

3、中国共産党の「永続革命論」受容と曲解・混乱

瞿秋白の「直接社会主義到達」論

もう一度、振り返ります。(a)中国共産党の初期、彼らが「直接社会主義革命論」の立場であったことは申し述べました。これが、中国共産主義者がロシア革命から学んだ第一のモデルでしたが、前述のようにこれはコミンテルンに批判され、まず（ひたすら）国共合作下に国民革命を目指せ、という方針に転換させられました。(b)したがって、コミンテルンは、〈次なる革命＝プロレタリア革命〉への展望を語ろうとしなかったのですが、それを語ったのが前述のように、陳独秀たちでした。彼らは、レーニンの議論を踏まえて二段階連続革命を構想していたのです。この二段階連続革命論が、ロシア革命に由来する第二の革命モ

デルです。

そしてこのように述べれば、ロシアには、(c)レーニンとは異なる第三の革命論があったことは、すぐ想起されようかと思います。言うまでもなく、トロツキーの「永続革命論」です。ただし、トロツキーのこの革命論が中国に紹介され理解されるためには、複雑な経緯を経ねばなりませんでした。

まず、前述の瞿秋白という中国共産党の理論家のことを取り上げねばなりません。彼はロシア語を学び、新聞社の特派記者として革命ロシアを訪れ、同地で中国共産党に入党、一九二三年一月の帰国後は中共の理論・宣伝畑で活躍した人物です。そして彼は、同年一二月の『新青年』（季刊）第二期に掲載された「民治主義から社会主義へ」という論文で、

註

（4）その後、一九九〇年代になって、陳独秀＝「二回革命論」者という「定説」は、スターリン主義的なトリックにもとづいている、諸文献を検討すれば、陳独秀は二段階連続革命論者であった、との異議が日本の研究者（江田憲治「陳独秀と「二回革命論」の形成」『東方学報』京都 第六二冊）によって唱えられます。これを中国の代表的な陳独秀研究者も支持し（唐宝林『陳独秀全伝』）、学問的には決着を見るのですが、陳独秀が全く名誉回復され、陳独秀＝「二回革命論」者という「定説」が完全に払拭されたのかと言えば、そうではありません。「陳独秀を代表とする右翼日和見主義」という規定は、今なお官製党史の中に残っておりますし、中国のネット上では陳独秀の「二回革命論」という言説は、普通に見ることができます。

国民革命から社会主義革命への展望という問題に取り組んでいます。そして、彼はこの論文で、レーニンの有名な「民主主義革命における社会民主党の二つの戦術」（一九〇五年）をさかんに引用しています。たとえば、以下のような部分です。

> われわれはロシア革命の「ブルジョア民主主義の範囲」を飛び越えることはできないが、しかし、われわれは全力を尽くしてこの範囲を拡大する。われわれはこの範囲の中でプロレタリアートの利益のために、彼らの生活における切実な必要のために戦い、彼らが将来の再戦を準備し、徹底的に勝利する条件のために戦うことができるし、そうせねばならない。

ここに見える「準備」されるべき「将来の再戦」とはプロレタリア革命に他ならないわけですから、瞿秋白はレーニンの「二段階革命論」を引用していることは明らかです（この引用は、瞿秋白の中国語訳から日本語に訳しました）。ところが、同じ論文で彼はまた、こうも述べているのです。

> 〔中国の〕この絶対的にブルジョア的ないわゆる「民族民主革命」は国際的な、また国内のプロレタリアートの力を借りなければ実現しない。プロレタリアートだけが直接

行動をなしえ、革命を徹底させることができる。……したがって〔中国の〕労働者階級は国民革命の過程で日々重要な地位を、ついには指導権を獲得する。労働者階級の最終的な目標が社会主義であるとすれば、国民革命が最高点に達した時、世界革命と合流して直接社会主義に到達する。

こうした国民革命から社会主義革命への到達、世界革命への合流の議論は、中国における「永続革命論」ではないでしょうか。ここでは、「将来の再戦」ではなく、「直接社会主義に到達する」革命が行なわれる、とされているからです。ですが、そうだとすれば、瞿秋白はどうやって（何を根拠として）、この「永続革命論」を提起しえたのでしょうか。彼がさかんに引用したレーニンの「二つの戦術」がその根拠ではないことは、前述からも明らかです。「二つの戦術」は「二段階革命論」であったのですから。では、彼は独創的にそれを考え出したのか、それともやはりロシアに根拠があったのか。

ここで注目すべきは、瞿秋白の引用文献の中にトロツキーの著書『一九〇五年』があることです。瞿秋白は、『一九〇五年』からロシアの統計数字を抜き出しているだけなのですが、読まねばそんなこともできないでしょうから、目を通したことは確実です。しかも、トロツキーは、この著作の「ロシア語初版への序文」で、「永続革命論」について自ら解説しているのです（第二期『トロツキー選集』所収、現代思潮社、原暉之訳）。

ロシア革命はブルジョア的目標に直面しているが、しかしそれにとどまることはできないであろう。ところがプロレタリアートはその手中に権力を掌握するならば、革命のブルジョア的な枠にとじこもっていることはできないであろう。……圧倒的多数を農民人口が占める後進国では、労働者政府のおかれた状況が直面する矛盾は、国際的規模でのみ、プロレタリアート世界革命の舞台でのみ、その解決の道を見出すことができるであろう。

瞿秋白の、国民革命から社会主義革命への到達、世界革命との合流という見解のポイントは、ここにはっきり述べられています。そして、『一九〇五年』のロシア語版（一九二二年一月序）が出版された時、瞿秋白はモスクワにいたのです。ならば、瞿秋白が「国民革命が最高点に達した時、世界革命と合流して直接社会主義に到達する」と一九二三年に述べたのは、トロツキーの言説を踏まえたに違いありません。

瞿秋白のトロツキズム・「永続革命論」批判

しかし、彼の言論は、当時の中共中央の中ではごく少数派でした。同じく社会主義革命への展望を述べていた陳独秀さえも、国共合作下での国民革命推進をめざすことに理論的プロパガンダの中心を置かざるをえなかったように、中共の革命論にはコミンテルンの制約があったからです。しかもその後、蒋介石を総司令とする国民革命軍の北伐（一九二六年七月開始）の評価などをめぐって、瞿秋白と陳独秀と対立を深めていきます（陳独秀は北伐反対、瞿秋白は支持）。

ですから、前述のように一九二六年一二月、コミンテルン（とスターリン）が、国民政府は「労・農・被抑圧階級の民主主義独裁」から「社会主義へと進む」と決議した時、瞿秋白は自らの議論が正しかったと思った（あるいは、そう思い込もうとした）に違いありません。実態としては国民政府と国民党の現状を認めるスターリンらの主張が、革命の直接移行論に見えた（そう思い込むことができた）からです。スターリンの主張は、一九二七年一月に中国に到着し、その結果、中共中央政治局では、大激論が展開されたようです（蔡和森『党の日和見主義史』）。実際、前述のように、中共中央は、革命を二段階に考えていたことを自己批判する文書を作成します。また、陳独秀の右腕的存在であった彭述之は、この二七年一月に中共機関誌に論文を発表、「永続革命」（中国語表記でも同じ）の語を用いて、コミンテルンの議論受け入れを表明します。

しかしながら、スターリンらの議論を「永続革命」と称して受け入れようとしたのは、間違いなく、概念上の錯誤でなければ、言葉の「誤用」でした。そもそも、スターリンらの主張は、二つの革命の連続移行というよりも、蔣介石が指導権を握る国民党政権への現状肯定論であったからです。しかも「永続革命」とは、ほかならぬトロツキーが提起した革命概念であり、彼は一九二四年、ロシア共産党によって「小ブルジョア的偏向」と指弾され、翌年中共はこの動きを支持して「トロツキズムは日和見主義の一派である、との解釈にまったく同意する」と決議していました。以後、瞿秋白は中国における反トロツキー・キャンペーンの先頭に立ち、スターリンの論文を翻訳し、トロツキー非難の論文を書いていたのです。したがって、そのトロツキーの語である「永続革命」を、陳独秀の右腕である彭述之が用いたことは、瞿秋白から見れば「敵失」であったに違いありません。彼はこの「敵失」を見逃しはしませんでした。

一九二七年二月、瞿秋白は謄写版刷りパンフレット『中国革命の論争問題』を執筆（これは四月の第五回党大会で配布されます）、糾弾の矢を放ちます。彭の言う「永続革命」とは、ブルジョアが指導するブルジョア革命を行なってから、あらためてプロレタリア革命を行なうもの（つまり非連続の二段階革命論）だ、これはメンシェヴィズムだ！　トロツキズムだ！　と。

これはまことに錯綜した論争でした。と申しますのは、(a)トロツキーに帰属するはずの「永続革命」の語が、彭述之の手によってはスターリンの国民党政権「非資本主義的発展」論を支持するものとして用いられ、(b)瞿秋白はこの彭の誤用を、意図的に〈非連続革命〉

論＝メンシェヴィズム＝トロツキズムだとして糾弾したからです。

しかも、瞿秋白は『中国革命の論争問題』で、トロツキーが主張したように、中国でソヴィエトを樹立することを事実上提起しています。また、トロツキーと同じく、蔣介石ら民族ブルジョアジーとは手を切れ、との議論を展開しています。したがって、彼は間違いなく、思想的にはむしろトロツキーに近かった。にもかかわらず、党内論争でのふるまいは、まったくのスターリニストのそれであったのです。ここに彼の悲劇がありました。

瞿秋白は、一九二七年八月の中共緊急会議（八・七会議）で（事実としては中共からではなくコミンテルンから）陳独秀失脚後の指導者として選ばれ、国民党政権に対する武装暴動路線へと踏み切ります。ただし、この時点でコミンテルンは、中共が国民党の旗を手放すことを認めませんでした。つまり、彼らが自前の政権（ソヴィエト）を樹立することを許さず、国民党の「正統」を担えというわけなのですが、これは国民党の青天白日旗を掲げながら国民党政権軍と戦うことを蜂起部隊に強いました。コミンテルンが国民党名義の利用をあきらめ、ソヴィエト政権の樹立を認めるのは、九月になってからのことでした。その後、瞿秋白は、一一月に臨時政治局拡大会議を招集、かつて一九二三年に提起していた「民治主義から社会主義」への直接移行論を提起します。この時彼は、レーニンの語を用いて、「間断なき革命」を主張したのでした。しかし、すでに中国革命は明らかな退潮期にありました。毛沢東らの率いた湖南省などを中心とする「秋収暴動」（秋の収穫物を国民党に渡すなというのが目標だったため、こう呼ばれます）は目指した省都占領を果たせないまま敗北に追い込まれていましたし、かのキム・サンの『アリランの歌』（岩波文庫）に登場する「広州コミューン」も、一二月、わずか三日間のソヴィエト政権に終わりました。瞿秋白が指導し指令した大小一〇〇回にもおよぶ武装蜂起は、すべて失敗しました。

この後、陳独秀は一九二九年、党中央への批判書簡を送るなどしたのち、トロツキストへの転向を表明します。ほぼ同時に中国共産党の一部は、ロシア革命に由来する第三のモデル━ブルジョア民主主義革命から社会主義革命の連続＝永続革命論・トロツキズム━を、瞿秋白のように部分的にではなく、全面的に受容するのです。そして、陳独秀を含む中国トロツキストは、〈次なる革命〉が社会主義革命であることを疑いませんでした。これに対して、中国共産党は、労農民主独裁（ソヴィエト政権）樹立とブルジョア民主主義革命の完成を当面の目標とする方針を、「抗日」の課題が前面に浮上する一九三五年の「八・一宣言」公表まで継続しました（スターリンの一九二六年のテーゼに従い、ブルジョア民主主義革命の完成ののち、「革命の次の段階」（社会主義の段階）に進むと考えていました）。言うまでもなく、後者の革命論を引き継いだ毛沢東が抗日戦争を戦い、その後、労農民主独裁を「新民主主義」と言いかえ、人民共和国をつくることになるのですが、私は、ロシア革命から一〇〇年の今なお、この中国における前者のトロツキズム・モデルの「所産」は存在意義を失っていない、と考えています。こう述べることの根拠は最後に述べさせていただくことにして、今は陳独秀と中国トロツキズム運動の経緯を紹介させていただきたいと思います。

4、中国トロツキズム運動と陳独秀の思想

陳独秀のトロツキー支持と中国トロツキー派の形成

中国共産党の指導部から追放された陳独秀が、革命敗北の原因をコミンテルンの日和見主義的政策に見出し、はっきりとトロツキストの立場に移行したのは、前述したところですが、それは鄭超麟の回想によれば、一九二九年の五月から七月にかけてのことであったようです（長堀祐造他訳『初期中国共産党群像―トロツキスト鄭超麟回憶録』平凡社東洋文庫）。彼は、モスクワからもたらされたトロツキーら左翼反対派の文献に接し、コミンテルンの革命指導に対するトロツキーの批判を知りました。八月、陳独秀は党中央に書簡を送り、革命敗北の理由を党の日和見主義政策にあったとした上で、八・七会議以後の中共中央が採用してきた「盲動主義」と「命令主義」を批判し、党内民主主義を主張、理論や政策についての

党内での公開論争を要求します。しかし、もちろん中共指導部がそんなことを受け入れるはずはなかったのです。彼は九月、中共の旧幹部クラスを中心としたトロツキスト・グループ「中国共産党左派反対派」を組織し（このグループは翌年創刊された雑誌名から「無産者」社とも呼ばれます）。トロツキスト・グループは、このほかソ連留学生たちが帰国後に組織していた三派（「われわれの言葉」社、「十月」社、「戦闘」社）があったのですが、トロツキーの勧告の結果、一九三〇年一〇月、四派統一のための協議委員会が発足し、「十月」社の王文元（王凡西）が政治綱領を起草しました。

ですが、この草案は「第三次革命（トロツキストは辛亥革命を第一次革命、国民革命を第二次革命と呼んだので、第三次革命とは〈次なる革命〉のことでした）はひとたび始まるや社会主義の性質である」とのテーゼを提起し、また陳独秀派のスローガン「プロレタリアと貧農の独裁」を強く非難するものでした。後者の論点については、トロツキー書簡（一九三一年一月八日付）が、「プロレタリアと貧農の独裁」は「プロレタリア独裁」のスローガンと「矛盾するものではない」と陳独秀を支持したことで解決を見ましたが、前者のテーゼをめぐっては、第三次革命の前半に「民主主義革命段階の歴史時期」を措定する王文元同様の理論家劉仁静の批判、「われわれの言葉」社と「十月」社の参戦もあって論争が拡散していきます。そして、この論争に決着をつけたのが、陳独秀の一九三一年三月の論文「中国における将来の革命発展の前途」（『無産者』第一二期）、でした。これは中国トロツキー派の中でのトロツキズムあるいは「永続革命論」[5]理解に関わる問題ですから、少し詳しく見たいと思います。

この論文で陳は、第三次革命が社会主義革命であるのはトロツキー派の共通理解だとした上で、論点を「将来の革命を引き起こす要因は何か」「ひとたび始まるや社会主義の性質なのか」「最初の段階では民主主義の時期を経過することになるのか」などにしぼります。そしてトロツキーの言説を引用し、次のように論点を整理します。

①民主主義革命を完成していない中国では民主主義の課題が第三次革命を引き起こしうる。

②後進国のプロレタリアートは民族民主革命を基礎に政権を獲得しうる以上、将来の革命高潮の初期段階に短い民主主義時期や二重政権が生まれる可能性はある。

③プロレタリアの前衛は、革命高潮の初期段階で政権奪取の綱領と戦術を提起し、革命暴動の勝利（政権獲得）ののち、民主主義の任務を完成させると同時に社会主義政策の道を歩み始める。

註

（5）中国トロツキー派は、トロツキーの「永続革命」（Permanent Revolution）の語を、「不断革命」の訳語で用いました。前述のように中国語にも「永続革命」の語はあったのですが、これは一九二七年に瞿秋白の手で、彭述之・トロツキー糾弾のため非連続二段階革命論の意味で用いられてしまいました。このため中国トロツキー派は、「永続革命」ではなく「不断革命」の語を用いるようになったようです。

実は、この第三の論点で陳独秀が根拠にしているトロツキーの言説は、王文元のテーゼと同じく、「コミンテルン綱領草案批判」（トロツキー『中国革命論』第二集、無産者社、一九三〇年）です。第三次革命では、「ロシア十月革命後の半年の「民主主義」時期（一九一七年一一月〜一九一八年七月）さえもありえない」、それは、「開始時」から「ブルジョアジーの私有財産を動揺させ覆す」。

すなわち王文元のテーゼは、トロツキーが中国革命は「開始時」から「私有財産制を動揺させ覆す」と言った部分に注目して「第三次革命はひとたび始まるや社会主義の性質である」としたのですが、これに対し陳独秀は、「開始」とは（トロツキーの言うロシア革命の事例に照らせば）プロレタリアの政権獲得のことだから、それ以前ではプロレアリアは民族民主闘争の課題を担わねばならない、と考えました。そこで、「革命暴動の勝利」後の政策として社会主義を説くことで王のテーゼに修正を求めたのです。また一方で、陳独秀は劉仁静の主張について、「中国の革命は民主主義の要求で始まり、社会主義で終結する」とする劉の結論は正しいが、劉が革命の過程に民主主義の歴史段階を措定しているのは間違いだ、としています。その理由はもちろん、それでは永続革命にならないからだと思います。

したがって、当時のトロツキー派では、次なる中国第三次革命に対し、(a)ただちに社会主義革命が行われる（王文元）、(b)民主主義革命と社会主義革命の二段階（劉仁静）、(c)民主主義の闘争から社会主義革命へ（陳独秀）、とする三つのトロツキズム理解があったのですが、論争のすえ主流となったのは、陳独秀のそれでした。彼の王文元と劉仁静らに対する批判（あるいは説得）は、大きな影響力を持ち、トロツキー四派間の理論的な対立点を大幅に減少させ、統一大会の綱領に、以下のように書き込まれました――「第三次中国革命の勝利は、必然的にプロレタリアートによる政権の奪取となる。このプロレタリア政権は樹立されるやいなや、都市・農村のブルジョア私有財産を断固として動揺させ、覆すであろう」。

そしてこの間の一九三一年一月、陳独秀は中国トロツキスト四派平等の統一方針を打ち出し、これは他の三派にも受け入れられます。さらに前述の理論問題の解決と、陳独秀が協議委員会に出席してリーダーシップを発揮したことで、統一大会開催のステップは速まりました。五月一日、上海で四派の四八三名を代表する一七名とオブザーバー四名が参加するトロツキスト統一大会が開かれ、陳独秀が起草（トロツキーの綱領草案を一部改訂）した「中国共産党左派反対派綱領」を採択、三日、「全国執行委員会」九名が選出されました。この委員会から書記局が選出され、陳独秀が書記に選ばれたのです。「中国共産党左派反対派」の名が示すように、彼らは自らを中共のフラクション（分派）と位置づけました。機関誌の名は、トロツキーも編集に参加したロシア社会民主労働党の機関誌『イスクラ』にちなんで『火花』とされ、他に党内討議のための雑誌『校内生活』を刊行しました。彼らの間では知識人・理論家が多く、中共の議論封殺に抗議してきた経緯もあって、討議とその公開を重視し、活発な論争を繰り返しました。この点、一九三〇年代には政治的な論争が機関誌紙からまったく消え失せる中共党とは、組織体質が大きく異なっていたのです（なお、彼らが自ら を中共から独立した組織とし、「中国共産主義同盟」と名乗るのは一九三五年を待たねばなりません）。

ですが、前途は多難でした。統一大会から三週間もたたない五月二三日、密告による摘発で中央委員の大半が逮捕されますし、九月一八日、満洲事変が起きて中国東北三省が占領されると、陳独秀たちは日本帝国主義との闘争にも立ち向かわねばなりませんでした。トロツキー派が社会主義革命を主張したからといって、彼らは民族闘争を軽視した訳ではありません。トロツキー派中央は九月二四日付で声明を発表し、「民衆自身による武装」「反日闘争を指導する全国国民会議の招集」「国民党政府反対」を呼びかけ（『火花』第一巻第二期）、陳独秀自身も一〇月二日付の論文で、「抗日救国」の課題とともに、「革命的民衆政権」の樹立を主張しています（同第一巻第三期）。

さらに、陳独秀は、翌一九三二年一月一日付の「全党同志に告げる書」（『火花』第一巻第七期）では、あらゆる闘争━労働運動・学生運動・反日運動・国民会議闘争・反国民党闘争・ソヴィエト組織運動━の中での「すべての共産主義者の連合行動」を提起しています。「われわれ（左派反対派）は、あらゆる行動において全党（共産党）同志と手を携え前進する準備ができている」、と。

陳独秀のトロツキズムと民主主義論

しかし、こうした陳独秀の中国トロツキー派指導は、中共中央からの反応を見なかったばかりか、中国トロツキー派の中で激しい議論の対象となりました。劉仁静は、陳独秀らの主張する「共同行動」とは「階級合作」だと非難しましたし、ある地区委員会も「徹頭徹尾の日和見主義だ」と批判したのです。これらに対し陳独秀は、マルクスもレーニンも、そしてトロツキーも他階級との一時的な共同行動（「階級合作」ではない）を否定していない、などと反論を加えるのですが、こうした反論の中で、彼は三二年一〇月一日の発行日を持つ派内討論誌『校内生活』第四期の論文「国民会議のスローガンを論ず」で次のように述べています[6]（なお、この論文公表からまもなく、彼は逮捕され、抗日戦争開始後の一九三七年八月まで

註

（6）ここで言う「国民会議」とは、トロツキーが過渡期における民主主義的要求の政治スローガンとして提起した、平等かつ直接・無記名の投票で選出される全権を有する国民会議（憲法制定会議）のことです（詳しくは、『陳独秀文集』第三巻をご参照ください）。なお言うまでもないことですが、トロツキーのいう国民会議は、蒋介石政権が自らを正当化するための招集したお手盛りの職能代表会議としての「国民会議」とは異なります。

南京の監獄に収監されます）。

——民主主義と社会主義を「社会発展における二つの段階」と見なす「段階論」が、トロツキーの言うように、そもそもの間違いなのだ。この「段階論」の観点からすると、「民主主義は社会主義と同時に存在することができない、ブルジョア民主主義は永遠にブルジョア政権と不可分だと見なすことになる」。しかし、それでは、「後進的ブルジョア国家の民主主義の課題はわれわれの時代にあって革命を直接プロレタリア独裁へと導く」とトロツキーが指摘した「中国革命の永続性」が完全に断ち切られてしまう、と陳独秀は続けるのですが、ここで注目に値するのは、「民主主義は社会主義と同時に存在することができる」とする、陳独秀の主張です。

陳独秀は、最晩年の「SとHへの書簡」（一九四二年一月一九日付）の中で、胡適から向けられた「生涯にわたる反対派」との評価を肯定して見せたことから、次々に思想的立場を変えてきたかのように評価されることがあります。しかし、彼が民主主義闘争からの社会主義革命達成、民主主義と社会主義との並存を説き続けていたことは、確かです。たとえば、『無産者』創刊号掲載の「われわれの現段階での政治闘争の戦術問題」（一九三〇年三月）でも、彼は「ブルジョア民主主義の終点は、プロレタリア民主主義の起点につながる」と述べて両者の同質性を指摘し、民主主義が人類の歴史の各時代にあったことを（レーニンを引用しながら）強調しています。さらに、一九三六年の「プロレタリアートと民主主義」（『火花』第三巻第一期）は、民主主義と社会主義を区別し段階づける党内の通説に対する反論を、徹底して論じたものです。彼はまず、トロツキーの「永続革命論」を次のように説明します。

> いわゆる「永続革命」を、字面で解釈してはならない。革命に有利な客観情勢が永続することを言うのだと考えるなら、それは反駁にも値しないデタラメである。あるいは、主体的に革命の推進に永続的な努力をし、民主主義段階に留まらないことを指すのだと考えられたりするが、その言葉自体が間違いではないとしても、意味が曖昧であり、スターリン派が攻撃するいわゆる「半トロツキズム」と解釈できる。つまり民主主義革命の段階を完成させてから、続いて社会主義革命を行ない、すぐにプロレタリア独裁に転化させる、というものだ。それはやや急進的な〔革命〕段階論にすぎないのであって、「永続革命」を意味してはいない。
>
> 「永続革命」の真の意義は、後進国の民主主義革命と社会主義革命の不可分性を指摘したことにある。これはすなわち、後進国のプロレタリアートは民主主義の基礎の上に〔傍点引用者〕政権を獲得できるということである。プロレタリアートの政権が民主主義の課題を達成するのであって、プロレタリアートの政権がなければ、後進国の民主主義の課題は達成されるすべがない。したがって、民主主義革命の完成とプロレタリアートの政権奪取とは、二つの段階に分かれるのではないし、前者を完成させて

から後者を推進するのでもない。

そして、こうした「永続革命論」の理解の上に、彼は民主主義闘争の重要性を強調したのです。――「われわれが言うところの民主主義は抽象的ではない。それは、全権を有する国民会議の普通選挙による選出、帝国主義勢力の排除と中国の独立、八時間労働制の実行、土地没収と貧民への配分、出版・集会・結社・ストの自由といった具体的内容である」、「われわれが民主主義の政治綱領とスローガンを採用するのは、目的であって、決して手段ではない。民主主義は官僚主義に対する抗毒素であり、それは社会主義と対立したり、相容れなかったりするものではない」、と。彼のこの論文での結論は、以下の三点でした。

（一）狭小で形式的なブルジョア民主主義を、歴史上各階級に伴って発展してきた民主主義の全内容と思い込んではならない。
（二）民主主義を社会主義と並存できないものと思い込んではならない。
（三）民主主義の要求を、ブルジョア軍事独裁を打倒する手段にすぎない、われわれの目的ではないと思い込んではならない。

この主張は、王凡西の『中国トロツキスト回想録』（矢吹晋訳、柘植書房）によれば、当時のトロツキー派内で大きな反響（反発）を生んだものですが、しかし、陳独秀はこうした議論を撤回することはありませんでした。それどころか、彼の見解は、晩年の一九四〇年のトロツキー派宛て書簡や、四一年の小論文「私の根本意見」（『陳独秀文集』第三巻所収）で、より明確なかたちで（後者ではボリシェヴィキのプロレタリア独裁に対する糾弾を含みながら）、提起されることになります。

このように見てくるならば、陳独秀の民主主義闘争（革命）から社会主義革命への移行論（永続革命論）は、トロツキーに学んだもの、民主主義と社会主義の同時並存論は、それを発展させたもの、あるいは彼独自の思想の到達点と見ることができるのではないか、と私はいま考えています。

5、陳独秀と党内民主主義

陳独秀指導下の中共党内民主主義

もう一つ、陳独秀の民主主義論とは別の民主主義について検討してみたいと思います。それは、以上述べてきたような「民主主義」についての理解を持っていた陳独秀が、中国共産党の指導者であった時期、どのようにこの党を運営していたのか、という問題です。それは独裁的であったのでしょうか。そこにはロシア革命からの影響はあるのでしょうか。こうした問題意識から、中国共産党におけるロシア・ボリシェヴィズムの組織原則の移入と、運動過程における党内民主主義について、触れさせていただきたいと思います。

陳独秀と党内民主主義の関係については、先ほど見ました中共が陳独秀の「日和見主義路線」を指弾した一九二七年の八・七会議の「全党党員に告げる書」という党中央の声明が、次のようなことを述べています。

〔陳独秀指導下の〕党の中はまったく宗法社会制度で、あらゆる問題は党の上層の指導者が決定した。しかも、「首領」の意見はつねに服従しなければならないと考えられたばかりか、そのつど無条件に正しいと考えられた。こうした環境にあって、党内民主主義〔党内的民権主義〕はまったくの空文となった。

この「全党党員に告げる書」を起草した新コミンテルン代表ロミナッゼは、会議の発言で党運営の「家父長〔族長〕化」という言葉も用いています。しかしながら、「〔陳独秀の〕

日和見主義路線」なる非難が、コミンテルンが革命敗北の責任を総書記陳独秀に一方的に押し付けるためのものであったとすれば、陳独秀の指導下では党内民主主義は存在しなかった、「首領」「家父長」（名前は明示されていませんが、こういう言い方をすれば、誰が読もうとも、陳独秀のことであるのが明らかです）が、非民主的に党内世論を支配していたのだとするこうした見解をそのまま受け入れるわけにはいきません。

たしかに、中国共産党は、本格的な党規約を第二回党大会で採択した際の決議では、「集権の精神と鉄の規律」、「軍隊式の訓練」、個人の見解を犠牲にしての「党の一致の擁護」が「厳密かつ集権的な規律ある組織と訓練」の原則とされましたし、党規約でも、「本党の党員は、全国大会および中央執行委員会の議決に絶対服従せねばならない」（第一八条）、「下級機関は上級機関の命令を完全に執行しなければならない」（第一九条）と定められていました。こうした組織原則は、おそらくコミンテルンの「加入条件」の影響を受けたものかと思われます。「加入条件」は、各国共産党に中央集権制と軍事的規律、「鉄の規律」を求めるものであったからです。

また、陳独秀が中国共産党の初期に圧倒的な権威を有した指導者であったことは、鄭超麟の『初期中国共産党群像』にも明らかです。鄭超麟が紹介するエピソードによれば、一九二六年のある中央宣伝部の会議で、総書記陳独秀の見解に対し、やはり中央幹部であった張国燾が反論を述べたとき、陳独秀はテーブルをたたいて怒鳴りつけ、張国燾の反論を押さえつけたというのです。鄭超麟は、「こうした方法で問題を解決したことは一度にとどまらない」として、陳独秀の「欠点」を指摘しています。張国燾は北京大学出身でその意味からすると陳独秀の学生であり、こうした上下関係から張国燾は「ついには黙ってしまった」というのです。

このエピソードは、ロミナッゼが言う、陳独秀の「家父長」的な党運営の存在を示しているかのように思えます。ところが、鄭超麟は、翌年の会議では（陳独秀の立場が弱体化した後のこととは言え）、今度は張国燾の方が、陳独秀を怒鳴りつけたことを述べています。

陳独秀と張国燾の「怒鳴り合い」をこうして紹介するのは、初期中国共産党内部での論争のあり方を考えてみたいからです。実は、一九二〇年代、つまり中国共産党の最初の一〇年間は、党内論争が公然と繰り広げられた時代でした。たとえば、中共の第一回党大会は、「他党との連合」などをめぐって論争していますし、二二年八月の中央委員会では、国民党に党員を個人加入させる方針について、中央委員多数派とコミンテルン代表マーリンとの間で議論が戦わされています。二三年六月の中共第三回党大会でも、国民党に全党員を加入させるべきかどうかをめぐって、これに賛成したマーリン・瞿秋白・陳独秀らと反対した張国燾・蔡和森らが論争しています。さらに、第五回党大会（二七年四月）では瞿秋白が彭述之を批判し（後述）、また陳独秀失脚後の第六回党大会（一九二八年六月）でも、中国革命が高潮に向かっているのかどうかをめぐり、瞿秋白と蔡和森が論争を戦わせています。こうした諸事例は、初期の中国共産党が、党大会や中央委員会といった意思決定機関を「議論の場」として機能させたものでした。

しかも、初期中国共産党は、その時々の政策決定あるいは方針変更に際し、党の機関誌でこれを公表し、反対意見を機関誌に掲載した上で、党中央の側の見解を表明して説得を試みています。たとえば、前述のように二二年八月、中国共産党は中央委員会で国共党内合作を決定し、その翌月、陳独秀が機関誌に「造国論」を発表、ブルジョアジーとプロレタリアートが連合した「国民革命」の必要を説きます。これに対して党員、あるいはシンパと思われる人物が、「国民革命」は成熟していない、プロレタリアの「革命」精神こそが端緒を露呈しているのだ、との反論書簡を寄せたところ、共産党中央は、この書簡を機関誌に掲載し、その上で説得を試みています。

また、一九二四年一二月、モスクワから帰国して中央宣伝部の要職に就いた彭述之は、共産党の理論機関誌に「誰が国民革命の指導者なのか」という論文を発表するのですが（この論文の主張は、翌年一月の中共第四回大会がプロレタリアートのへゲモニーの問題を「中国の民族革命運動は、もっとも革命的なプロレタリアートが有力に参加し、指導的地位を獲得してはじめて勝利を獲得することができる」と規定する、その理論的な道筋を切り拓きます）、このとき、彭述之は、今日では想像もできない叙述を行なっています。すなわち彼は、ある人は「……」と述べているが、これは間違いであるとして議論を展開しているのですが、この「……」として（匿名ながら）引用されている文章は、驚くべきことに、一九二三年一二月公表の陳独秀の論文だったのです。陳独秀の二三年一二月論文は、翌年一月に控えた中国国民党第一回全国大会における国共合作を実現するための、党員（およびシンパ）に向けた説得の論文であったのですが、そんなことの説明はまったく抜きにして、彭述之は陳独秀論文を一節ずつ引用してはその論点を批判する論文を公表したのです。そこには、恐らく、陳独秀の許可があったことでしょうが、そうだとすると、共産党機関誌の読者であれば誰でも気づくであろう、自らの言説を引用しながらの批判を党中央の指導者たる陳独秀は認めていたことになります。その後の中共の歴史の中で、歴代の指導者たち（毛沢東や鄧小平を含む）は、権力を握っている時期に、部下たちがこうした形で自分を批判することを認めたことなど一度もありません。

こうしたことは、何を意味するのでしょうか？　すなわち、陳独秀指導時期の中国共産党は、論争と説得によって意思決定を行なう、党内民主主義を機能させていた政党であったということです。

もちろん、陳独秀の権威は非常に大きかったものですから、そのことが党内の意思決定を左右することもありました。鄭超麟が述べるように、です。また、私はもう一つの例を付け加えることもできます。

一九二六年七月、陳独秀が上海の党中央の機関誌に蒋介石率いる国民革命軍の北伐への事実上の反対を表明する論文を発表すると、北伐支持派だった広東地区委員会は態度を変え、八月、広東地区委の雑誌に「独秀の意見は正しい」という名の論文を発表し、「われわれの誤りを反省し、なんとしてでもそれを改めねばならない」と表明します。同じく北伐支持派の湖南地区委員会も、陳独秀論文の引用などによって、見解の相違の調整を図りました。これに対し、自分の革命論に戦争を位置づけていた瞿秋白（当時中央政治局委員）は、「北伐の革命戦争としての意義」という論文を執筆しますが、党中央機関誌はこの論文の掲載を拒否します。このことを党内民主主義に反すると見る見解も従来ありましたが、実は、中央執行委員会七月総会は北伐に否定的な方針決定を行なっていたのですから、こうした経緯は当時の党内民主主義ルールの範囲内のことであったと思います。

その後、党中央政治局の中でコミンテルン決議受け入れをめぐる彭述之との論争にも敗れた瞿秋白は孤立を深め、前述のように一九二七年二月から三月にかけ、『中国革命の論争問題』というパンフレットを作成し、それまで蓄積された不満を一気に爆発させて陳独秀の右腕的存在であった彭述之を非難、彼をメンシェヴィキ＝トロツキストだと決めつけたのですが、この非難の「当否」は別にして、彼がこうしたパンフレットを党の最高意思決定機関である党大会（第五回大会）に持ち込み、代表たちに配布して自らの主張を公表できたことの意義は指摘されるべきだと思います。瞿秋白が同じ政治局委員である彭述之を弾劾し、党中枢における対立を暴露したにもかかわらず、そのことが党大会で問題にされた形跡はありません。

このように見てくれば、陳独秀の指導時期は、党大会で活発な論争が行なわれ、また機関誌における論争も存在していました。「党の中は全まったく宗法社会制度だった」、「首領の意見」はつねに服従しなければならなかった、などとする八・七会議でのロミナッゼの見解は正しくありません。陳独秀の指導を「家父長化」と言ったのは、「日和見主義路線」と同様、不当なレッテル貼りでした。

中共党内民主主義の変容

ただし、こうした陳独秀時期の「党内民主主義」は、おそらくロシア共産党（ボリシェヴィキ）の党内民主主義の伝播ではないように思えます。中国共産党が、ロシア共産党の一九二二年規約（レーニン時代の最後の規約）を引き写し、党規約に「党部機関の決議は迅速かつ正確に執行されねばならない。ただし、党内のすべての論争問題は、決定以前にあってはまったく自由に討議することができる」との規定（第六五条）が盛り込まれるのは、一九二七年六月のことであって、彼らの党内論争をへての意思決定という現実は、これに先行していたからです。

それにしても、規約の改正で制度的な「保証」を得た以上、また、八・七会議後の瞿秋白指導部が、陳独秀時代では「党内民主主義が欠如していた」と批判した以上、党内民主主義に新たな展開が見られたことも確かです。瞿秋白指導部の「中央通告」は、「党の政策問題は、党員および青年団員をして討議に参加せしめ、そうすることで真の革命的意義をもつ党内民主主義を実現しなければならない」と述べていますし、党内誌『中央通訊』は、「党の政策を説明し、党の誤りを批判し、党員の党内問題についての討議資料など掲載する」ものと位置づけられました。しかし、こうした時期は長く続きませんでした。武装暴動の試みが次々に失敗していく中で、瞿秋白は、指導幹部に対して除名を含む処分を強行し、その一方で、蜂起失敗の総括をめぐって党中央と地方組織の間ではげしい論争が展開されたからです。そのため、一九二八年の第六回党大会は、「極端な〔党内〕民主主義の傾向に反対する」ことを述べる「政治決議案」を採択します。

さらに、(a)中共機関誌での論争━つまり党員に開かれた党内論争も、だいたい一九三〇年を境にして消えてゆきます。瞿秋白の後、党内権力を掌握したのは李立三でしたが、彼は一九二九年に陳独秀の求める中国革命（国民革命）敗北の原因の検討論文の公表を拒否し、陳独秀らを（彼らは自身を党内分派と位置づけていたにもかかわらず）除名、別の立場からの何孟雄の党中央批判文書も、党内に公表された議論の対象とはなりませんでした。

また(b)会議での意思決定も、論争を伴わないか、あるいは民主的とはいえない状況でなされることが増えていきます。たとえば、李立三は一九三〇年に大都市奪取プラン（後述）を強行したのち失脚し、三一年一月の中央委員会（六期四中全会）によって王明たちモスクワ留学派が党内の指導権を握るのですが、これは会議の結果というよりも、あらかじめコミンテルン代表が決めていたことでした。その四年後、有名な長征途上の政治局拡大会議遵義会議（一九三五年一月）における毛沢東の軍事指導権回復（この間、数年間にわたって毛沢東は軍権を奪われていました）も、ほんらい出席の権利のない毛沢東支持派の軍人たちを大量に出席させた上での決定でした。毛沢東の政治指導権を党内で確立した中共六期六中全会（一九三六年九月）も、出席者五三名中中央委員は一七名にとどまり、あらかじめ政治局会議で決定がなされていました。

ならば、会議の決定を左右するのは、会議の場での議論の優劣ではなく、「根回し」とか「準備作業」を含めた事前の政治力学なのでした。現在の中共の中央委員会総会（中全会）も、全国大会も、会議の場での議論をもとに決議がなされているのではないことは、誰の目にも明らかです。会議は、少数の指導者による党全体の意思決定への追認の場と化しているかに見えます。

そして、こうした毛沢東独裁へと続く非民主的な意思決定と、陳独秀時代の共産党はほとんど無関係でした。陳独秀の指導部は（限界があるとしても）党内民主主義を機能させていました。そのことは、申し上げましたように、ロシア共産党の影響と見るのは不適当です。

彼らの民主的な意思決定は、むしろ、新文化運動以後、導入され直面することになった西洋の知識や思想（その一つがマルクス主義であったのですが）をめぐって議論を展開するようになっていた中国知識人の体質ゆえのことであったように思われます。しかしながら、レーニン時代のロシア共産党（ボリシェヴィキ）の意思決定が、活発な党内論争によって行なわれていた（一九二一年の分派禁止も、あくまで一時的な非常措置と考えられていました）ことをカウントすると、この点で、レーニン時代と陳独秀時代はパラレルに見ることができると思います（なお、レーニン時代については、藤井一行『民主集中制と党内民主主義―レーニン時代の歴史的考察』を参照しました）。

また、初期の共産党指導者の陳独秀が党内で大きな「権威」を持っていたことは、否定できません。しかしながら、「権威」を持っていたことと、「独裁」をすることを一様に論じることはできません。

おわりに―ロシア革命・陳独秀思想の射程

以上をまとめれば、中国革命におけるロシア革命論の継承には、三つの位相がありました。第一に、中国共産党第一回大会での「直接社会主義革命論」。第二には、陳独秀らの、ブルジョア革命（国民革命）の達成から（短期間で）プロレタリア革命を実行しようとするレーニン的「二段階連続革命論」。第三に、トロツキーの「永続革命論」です。第二の革命論は、非連続の「二回革命論」であったとの非難が国民革命後に確立され、「二回革命論」は陳独秀の根本的な誤りの所在を示す批難用語として長く用いられてきました。そして、第三の革命論＝永続革命論も、最初の理解者であった瞿秋白が、これを党内論争の中で曲解して批難用語としたために、本格的な理解は中国トロツキー派の運動がはじまる一九二九年以後の、派内論争を通じてのことでした。

さらに、この第三のトロツキーの永続革命論実現の課題を担った中国トロツキスト派（中国共産党左派反対派、のち中国共産主義同盟）の運動は、結局のところ成功しませんでした。一九三一年の統一トロツキー派の結成の時点でメンバーは約五〇〇名、その後の弾圧や内部分裂の結果、一九三八年になると大体その三分の一にまで減少していました。(7) 抗日戦争期、トロツキー派の活動はきわめて限られ、王凡西も後年、一九七二年のインタビューで、「中国の貧農の革命勢力としての意義を過小評価した」こと、「武装闘争の重要性を認識しなかったこと」を中国トロツキストの「誤り」として認めています（『トロツキー研究』第七〇号）。彼らの運動は少数派のそれでした。陳独秀の言論は、最晩年、トロツキストとその周辺の中でもごく少数派のものでした。

しかしながら言うまでもなく、少数派であるからといって、その運動と主張に考察の意味がないことにはなりません。多数派がしばしば誤謬を犯すこと、その誤謬を剔抉する視座が少数派の立場から得られることは、われわれが実体験として知っていることだと思います。そして個人やグループの思想の価値は、後世（受け取り手からすれば「現代」）への射程が届いているかどうか――言い換えれば、そこに現実的な考察と実践の価値があるかどうか、で意味を計らねばならない、とも私は考えます。

今日における変革手段として、ロシアからもたらされた三つの革命論（直接社会主義革命論、連続二段階革命論、永続革命論）が共有する変革の方法、たとえば労働者による武装蜂起が、現在の東アジアでどれほど有効なのか、正直言って私にはわかりません。違った方法論と戦略があるべきだと思います。しかしながら、こうした三つの革命論を受容し、政治活動での実践と思想的営為の上での、その「所産」としての陳独秀の主張――民主主義（一般）と社会主義は同時に存在するべきだ、民主主義は社会主義運動の手段ではなく目的なのだ、

註

（7）陳独秀は「トロツキーへの書簡」（一九三八年一一月三日付）で、「私たちの上海、香港二ヵ所の組織員は全部で五〇人にも足りませんし、その他、全国各地に分散した分子も約一〇〇名あまりです」と述べています（『陳独秀文集』第三巻）。

との主張は、現代への射程を有しています。その重要性は、いくら強調してもかまわないと思えます。

今日の中国では、中国共産党は「共産主義政党たることを自ら放棄」しています（石川禎浩、『陳独秀文集』第二巻「解説」）。資本家の利益が擁護される一方、きわめて大きな社会的な格差が存続し、おまけに階級独裁・党独裁どころか、かの毛沢東のごとき個人独裁への回帰が試みられているかに見えます。民主主義一般は欧米諸国に由来する「普遍的価値（普世価値）」にすぎないとして共産党から否定されていますし、さまざまな形での人権抑圧行為が横行していると言わざるをえません。

ですが、そうであればこそ、ロシア革命一〇〇年の今日、ロシアにおける革命論の「所産」としての、陳独秀の思想の射程が確認されるべきではないでしょうか。社会主義の理念と民主主義の理念の同時実現こそ、その今日的意義と言わねばなりません。

補論Ⅰ毛沢東の「農村による都市の包囲」論について

「毛沢東思想」と「農村による都市の包囲」論

このようにロシア革命と中国革命、民主主義と社会主義の問題を論じてまいりますと、あるいは、報告者である私が意図的に避けている問題がある、とみなさんはお思いになるかもしれません。すなわち、毛沢東の革命論、あるいは「毛沢東思想」はどうなるのだ、これを無視してロシア革命と中国革命を論じていいのか、という問題です。もちろん、「毛沢東思想」は現在でも中国共産党の行動指針の一つであり、それが「マルクス・レーニン主義の基本原理を中国革命の具体的実践と結びつけた」ものとして位置づけられ（中国共産党規約、第一九回大会）、「マルクス主義の中国化」という言い方もよくされます。ですが、一方で毛沢東は、「人民民主独裁について」（一九四九年）の中で、「十月革命の砲声がとどろいて、中国にマルクス・レーニン主義が送り届けられた」と述べたあと、「ロシア人の道をあゆむこと━これが結論であった」と述べたのですから、「ロシア革命一〇〇年」のいま、彼の中国革命における「毛沢東思想」の意義を確認しておくことには、それなりの意味があるようにも思えます。

この「毛沢東思想」は、一九四三年七月、延安整風運動の終結後、「中国のマルクス・レーニン主義」として用いられはじめ、一九四五年の中共第七回党大会で、党規約に書き込まれます（「中国共産党はマルクス・レーニン主義の理論と中国革命の実践が統一された思想━毛沢東思想を自らのあらゆる活動の指針とする」)。では、この「毛沢東思想」とは具体的には、どのようなものであるのでしょうか。

人民共和国成立以前の「毛沢東思想」の中身として考えられるのは、ゲリラ戦術論(「敵が進んでくれば退き、敵がとどまれば悩ませ、敵が疲れれば襲い、敵が退けば追いかける」とまとめられたものが有名です)、抗日戦争期の持久戦論(ただし、抗日戦争を持久戦として戦う構想そのものは、蔣介石の方がずっと早く表明しています)あるいは文学の政治への奉仕(延安「文芸講話」)、『実践論』『矛盾論』、党指導の一元化・反対派一掃(「整風運動」)などが知られているとは思いますが、やはりもっとも重要なのは、革命の戦略論に相当する「農村による都市の包囲」論ではないかと思います。

前述の秋収暴動の敗北(一九二七年)後、毛沢東は山間部の農村に根拠地を建設してソヴィエト政権を樹立、農民を主力とする紅軍で国民党軍と戦闘する道をたどりました。農村に根拠地を築き、農民を主力としてゲリラ戦・運動戦をたたかうという戦術は、第一次国共内戦と抗日戦争(一九三七~四五年)を通じて一貫し、最終的には、第二次国共内戦(一九四六~四九年)の最後の一年、農村を根拠地とした人民解放軍が攻勢に出、大都市を次々に陥落させたのです。この毛沢東の「農村による都市の包囲」論の成功ゆえに、「毛沢東思想」は、マルクス・レーニン主義と並べられ、中国共産党の指導理念とされていると言っても過言ではありません。高い評価が与えられているのは日本でも同様です。たとえば、いいだもも氏は、「中国革命を救い出し、立ち直らせ、革命の最後の勝利に向かって導いていったもの」は、「毛沢東路線にほかならなかった」。この「中国共産党の新たな中国的路線」は、スターリン路線ともトロツキー路線とも異質な「植民地革命の創造的な路線」であったと礼賛しています（前掲『民族・植民地問題と共産主義』）。思想史家の近藤邦康氏も、その著作『毛沢東━実践と思想』において、「『農村が都市を包囲』し、局部の勝利さを積み重ねて一歩一歩全局の力関係を変化させて最後の勝利を得る根拠地の、持久戦の人民戦争戦略」を評価しています。

「農村による都市の包囲」論は誰が、いつ提起したのか

しかしながら、近年の研究によれば、こうした「毛沢東路線」評価には、二つの点から問題にすべきところがあります。第一に、「農村による都市の包囲」というテーゼを最初に打ち出したのは、毛沢東ではない、ということが知られています。すなわち、何孟雄という上海の区委員会書記が、一九三〇年四月の党中央宛書簡で次のように述べているのです（『紅旗』第一〇四期、一九三〇年五月二四日）。

この種の情勢の下でわれわれが依然として大部分の力を都市に用いるのは、農村に用いるのに及ばない。農村の方が得られる成果は必ず大きい。革命勢力が広範な農村を占拠した後であれば、それは連合して都市を包囲し、都市を封鎖できる。広範な農村の革命勢力で都市に進攻すれば必ず勝利できる。

当時の李立三指導部は、書簡に見える「都市の運動は農村に比べ立ち後れている」との認識は間違っていると批判し、「都市の包囲」など空論だとはねつけるのですが（「包囲」論への批判はこのあとでも繰り返されます）、一方、官製党史である中共中央党史研究室『中国共産党歴史』（一九九一年）や同文献研究室『毛沢東伝』（一九九六年）は、李立三とは異なる立場から何孟雄書簡を軽視するか、あるいは無視しようとしています。これら官製党史では、毛沢東が部下の林彪に宛てた書簡（一九三〇年一月）で「遊撃地域での赤色政権樹立」によって「全国的な革命の高まりをうながす」という展望を述べていることの方を重視しているからです。官製党史の著者たちは、「農村による都市の包囲」論は三〇年一月に形成された――同年四月の何孟雄書簡より早く――との立場をとっているのです(8)。

こうした見解に対し、この方面では有力な研究者（魯振祥）は、林彪宛書簡の段階で毛沢東の「包囲」論は成立していない、書簡が述べているのは「労農武装割拠」論であって、これと「農村による都市の包囲」論とは区別されねばならない、との見解を表明しています。

そもそも林彪宛書簡は「都市の包囲」を語っていません。

さらに言えば、一九三〇年の時点で毛沢東は、農村の武装力だけで都市を占領しようという発想を表明してはいません。この林彪宛書簡では、「中心〔都市〕区域での産業〔労働者の〕支部の創造」が当面の組織面での「最大の課題」とも述べているのです。これは、以前から中共中央の指導部が、紅軍の武装割拠だけでは軍事投機に終わってしまう、省や県の政権を獲得するためには都市労働者の暴動や敵の軍隊の寝返りが不可欠だ、と考えていたからでもあります。一九三〇年六月、当時の李立三指導部は、「一省もしくは数省における先駆的勝利」を掲げ、武漢・南京・上海・南昌・広州などの大都市を獲得、省レベルの政権獲得から全国政権の樹立へと進もうとする壮大かつ無謀なプランを強行しますが、

註

（8）なお、『中国共産党歴史』の一九九一年版は、何孟雄を「ある人」と称しながらも、書簡の内容を紹介し、また「包囲」論のことを「中国共産党の集団的な智慧の結晶である」と述べています。ところが、同書の二〇〇一年版では、「集団的な智慧の結晶」といった言説も、何孟雄の書簡の紹介も省かれ、ただ「農村が都市を包囲する観点」を批判する文章が一九三〇年五月の『紅旗』に載ったことだけが述べられています。これでは、『紅旗』の批判は、毛沢東の言説に対する批判であったと読者を誤解させます（もしろん、編者のねらいはそこにあると思われます。そう読まれれば、毛のプライオリティが確立されるからです）。『中国共産党歴史』のこうした記述の変化は、歴史がどのように改竄されていくのか、その事例を明確に示すものでもあります。

ここでも、〈都市の労働者蜂起〉と〈紅軍の都市攻撃〉を組み合わせての都市の獲得が目指されました。

しかしながら、このプランは全くの失敗に終わります。李の戦略にとって中心をなしたのは、結局のところ、長江中流域の大都市・武漢と、同下流域の大都市・上海の二つにほかならなかったのですが、組織された労働者は上海にしかおらず、その上海の周囲には大規模な紅軍は存在しませんでした。そして武漢を省都とする湖北省には、数個を数える紅軍がいたのですが、武漢には組織労働者がほとんどいなかったのです。そこで李立三は結局、それまで強く反対していた紅軍単独での都市攻撃に傾斜せざるをえませんでした。それもわずかな例外（短期間の長沙占領）を除きすべて失敗します。毛沢東たちも、江西省の省都南昌への攻撃命令を事実上無視しました(9)。

このため、コミンテルンは李立三指導部を強く批判し、彼を指導部から追放することになるのですが、興味深いのは、当時のコミンテルンがスターリンの見解にしたがい、「将来の軍事的政治的な条件によっては、一つないしいくつかの工業的行政的な中心都市の占領をなしうるべく、紅軍を組織しこれを強化することに注意をはらわねばならない」と決議し（三〇年七月）、また「まだソヴィエト区域ではない農村の中で農民運動を展開し、遊撃戦争を発展させ、農民の騒乱をたがのようにして都市を、大都市を、最も大きな都市を取り囲むべきである」との内容の書簡（同年一一月頃）を中共中央に送っていることです（『中共中央文件選集』第六巻)。もちろん、後者の場合でもコミンテルンは、「暴動を始めた労働者と紅軍でこれらの都市を占領せよ」、つまり〈都市労働者の蜂起〉＋〈紅軍の都市攻撃〉という「原則」は述べられているのですが、それにしても、コミンテルンは条件によっては紅軍単独の都市占領を認めていたし、それまで中共中央が否定してきた「農村による都市の包囲」論に、肯定的な評価を与えたのです。このことは、「包囲」論の形成にとってきわめ

註

（9）この事実は、われわれ日本人の間では、あまり知られていないかもしれません。と言うのも、毛沢東の「盟友」であった朱徳の伝記が、アメリカ人ジャーナリスト、アグネス・スメドレーの手で描かれ（阿部知二訳『偉大なる道』岩波書店）、その中では、党指導部に命じられて江西省都・南昌への攻撃を強行せざるをえなかった毛沢東と朱徳の軍隊のひどい損耗と、指揮官であった朱徳の苦悩が次のように記されているからです。

　やせて汗にまみれた兵士たちは、南昌周辺の防御陣地に向って、文字どおり不眠不休の体当たりをつづけたのであるが、敵の砲火のもとに、秋の木の葉が散るように、ばたばたとたおれていった。朱徳の顔色はしだいに土色にかわってゆき、かすかに緑色がかった色合をおびてきたようにさえみえた。……彼の指揮のもとに、ひとびとは死んでいった。

　しかし、今日の中共党史が明らかにしているところによれば、一九三〇年八月一日、毛沢東と朱徳の部隊は、川越しに南昌の城壁に対しいくらかの銃撃を加えたのち、何の損耗もなく転進しているのです。こうした事実とは異なる記載の原因がどこにあるのか、スメドレーの朱徳に対するインタビューの間違いなのか、それとも中共側の意図的な誤情報の伝達の結果なのか、今のところ断言できないのですが、恐らく後者であろうと私は、考えています。

て重要です。否定から肯定へ、一八〇度評価が入れ替わったのですから。

しかし、これはあくまでコミンテルンの指令の文面ですから、中国の研究者はこれを「包囲」論が形成されていくステップとは見ても、「包囲」論が形成されたとは考えていません。

では、彼らは「農村による都市の包囲」論の形成をどの時点として考えているのでしょうか。先に挙げた魯振祥氏の論文（『中共党史研究』一九九〇年第六期）を紹介すれば、以下のようになります。——毛沢東は、中共六期六中全会の「新段階論」（一九三八年一〇月）で、「長期にわたる広範な戦争で都市を占領している敵に反対し、犬牙交錯する戦争で都市を包囲し、孤立させ、長期にわたる戦争で自らの力をしだいに成長させ、彼我の形勢を変化させ、さらに国際的な変動に合わせて、敵を駆逐し都市を回復する」と述べている。さらに一一月、同中全会報告で毛沢東は、中国共産党の任務は「まず都市を占領してから農村を取るのではなく、その逆である」と主張したのだから、この中共六期六中全会で「農村による都市の包囲」理論は形成され確立されたのだ。一九三九年一二月に刊行された毛沢東の『中国革命と中国共産党』などの著作は、これをいっそう系統的で詳しい説明を加えたものだ、と。

「農村による都市の包囲」論と「毛沢東思想」の評価

管見のかぎり、こうした毛沢東の「農村による都市の包囲」論の一九三八～三九年成立説は、ほぼ「定説」の地位を獲得しているようです。その議論に無理はないようにも思えます。しかしながら、この三八～三九年成立説が正しいとすると、前節で申し上げた、日本での毛沢東高評価についての第二の問題点が、浮かび上がってきます。毛沢東の先見性（あるいは独創性）に対する評価は、その程度を減じざるをえなくなるからです。なぜなら、一九三七年七月に始まった日中戦争では同年中に北京・天津・上海・南京・杭州などの大都市が陥落、そして一九三八年一〇月にも華中・華南の大都市である武漢と広州が陥落しているのです。毛沢東が「新段階論」を述べたとき、中国共産党は都市における労働者の基盤をほとんどまったく有していませんでした。すなわち、このとき彼らにとって、都市か農村か、という二つの選択肢はなかったのです。とすると、これより先、〈都市労働者の蜂起〉＋〈農村で培われた紅軍の都市攻撃〉というコミンテルンお墨付きの、そして毛沢東も考えていた戦略は、一九三八年の時点で、前半の〈都市労働者の蜂起〉の可能性を喪失していたのです。とすれば、毛沢東はこのとき、残された選択肢を選んだにすぎないことになります。しかも、「新段階論」の「都市の包囲」論は、言い換えれば、「農村の力で都市を占領した日本に勝てる」ということなのですが、そのことを最初に述べたのは、実は、一九三七年時点での蔣介石なのでした。それに、前述のように、農村による「都市の包囲」という概念は、毛沢東よりも前に何孟雄によって表明され、スターリンとコミンテルン書簡が支持していた主張であったのです。

そうだとすると、毛沢東の「農村による都市の包囲」論を、「植民地革命の創造的な路線」(いいだもも)の一つとしてカウントするのは、無理なことのように思えます。

なお私はかつて、中国共産党の指導者を親族にもつある中国史研究者に、毛沢東の理論面での評価を聞いたことがあります。この研究者は、「毛沢東には理論などありませんでした。せいぜい、ゲリラ戦(の理論)くらいのものです」と答えられました。実は、ゲリラ戦の理論も、毛沢東の思想的営為の結果ではなく、他の軍人(曾中生)の発案であったことは、今や中共党史研究者の間では、広く知られています。

だとすれば、「毛沢東思想」とは、レーニン以来の、社会主義の政治的指導者は同時に理論的指導者でもあったし、そうあるべきだという「政治文化」の所産だったのではないでしょうか。あるいは、実態を越えて指導者の正しさが強調される「政治文化」が、ロシアから中国へ、スターリンから毛沢東へと伝わったのだ、とも言えましょう。

こうした「政治文化」の結果、中国共産党の党規約では、「マルクス・レーニン主義」「毛沢東思想」につづく、「鄧小平理論」の語が生まれましたし、指導者の名は記されないものの、「三つの代表という重要思想」(江沢民)、「科学的発展観」(胡錦濤)が続き、さらには「習近平の新時代の中国の特色ある社会主義思想」が、まさしく「ロシア革命一〇〇年」の二〇一七年に登場しました。生前にその名を冠する「思想」が党の文献で語られるのは、毛沢東以来のことです。さらに、今日における中国共産党の毛沢東に対する評価は、歴史教科書から、かの毛沢東の最大の「誤り」であったはずの文化大革命についての記述が削除されようとしているとの報道があるように、いっそう高められようとしています。これらのことすべての誤りを、「ロシア革命一〇〇年」のいま指摘せねばなりません。

【参考文献目録】

いいだもも編訳『民族・植民地問題と共産主義━コミンテルン全資料・解題』社会評論社、一九八〇年
石川禎浩『中国共産党成立史』岩波書店、二〇〇一年
――『革命とナショナリズム　1925―1945』岩波新書、二〇一〇年
宇野重昭『中国共産党史序説』上・下、NHKブックス、一九七三〜一九七四年
江田憲治『五四時期の上海労働運動』同朋舎出版、一九九二年
――他『在華紡と中国社会』京都大学学術出版会、二〇〇五年
王凡西『中国トロツキスト回想録━中国革命の再発掘』矢吹晋訳、柘植書房、一九七九年
金冲及主編『毛沢東伝　1893―1949』上・下、村田忠禧他監訳、みすず書房、一九九九〜二〇〇〇年
――主編『周恩来伝　1898―1949』上・中・下、江田憲治他訳、阿吽社、一九九二年
近藤邦康『毛沢東――実践と思想』岩波書店、二〇〇三年
竹内実『毛沢東と中国共産党』中公新書、一九七二年

――『毛沢東』岩波新書、一九八九年
――編『中国近現代論争年表　1895―1989』上・下、同朋舎出版、一九八九年
陳独秀『陳独秀文集』全三巻、長堀祐造・小川利康・小野寺史郎・竹元規人・石川禎浩・三好伸清・江田憲治訳、平凡社東洋文庫、二〇一六～二〇一七年
鄭超麟『初期中国共産党群像―トロツキスト鄭超麟回想録』全二巻、長堀祐造・三好伸清他訳、平凡社東洋文庫、二〇〇三年
唐宝林『陳独秀全伝』香港・中文大学出版社、二〇一一年
長堀祐造『陳独秀―反骨の志士、近代中国の先導者』山川出版社、二〇一五年
藤井一行『民主集中制と党内民主主義―レーニン時代の歴史的考察』青木書店、一九七八年

【えだけんじ】一九五五年生まれ。京都大学大学院教授。文学修士。中国近現代史専攻。著書に『五四時期の上海労働運動』（同朋舎出版、一九九二年）、共著に『戦争と疫病―七三一部隊のもたらしたもの』（本の友社、一九九七年）、『満鉄労働史の研究』（日本経済評論社、二〇〇二年）、『満鉄の調査と研究―その「神話」と実像』（青木書店、二〇〇八年）、『「満洲国」における抵抗と弾圧―関東憲兵隊と「合作社事件」』（日本経済評論社、二〇一七年）、共訳書に『周恩来伝』（阿吽社、一九九二年）、『陳独秀文集』第三巻（平凡社東洋文庫、二〇一七年）など。

コメント2

王凡西の永続革命論と陳独秀の民主思想

長堀祐造

江田さんのお話、ありがとうございました。陳独秀は「二段階革命論」（「二回革命論」）者として非難されてきましたが、実は彼の革命論は二つの革命の間で革命を担う階級が交替したり（つまり一回目の革命はブルジョア階級が、二回目はプロレタリアが担う）、あるいは、二つの革命の間に長期の中断期を想定したりする非連続革命論ではなく、レーニン的な連続革命論であったこと、またトロツキーの「永続革命論」は瞿秋白が最初に理解していたにもかかわらず、瞿は政敵攻撃の際「永続革命」の語を非連続革命論として用いたこと（このため中国トロツキー派はトロツキーの「永続革命」の中国語訳として「不断革命」の語を採用したこと）、中国トロツキー派運動の中での陳独秀の議論は、民主主義の闘争を契機としてプロレタリアの政権獲得が始まるとし、なおかつ民主主義と社会主義を段階づけずに並存するものと考えていたこと、などが主要な報告の論点であったかに思います。

こうした革命の概念の問題は、中国革命史、共産党史においてこれはなかなか複雑な問題です。私も正直、理解が難しいところがあります。そのときは江田さんの論文にもどって確認するという具合です。というのは、江田さんのこの方面の仕事は、本場中国の中国共産党史の研究家たちも参照しているからです。

さて、私の話はコメントというより、江田さんの講演の補足ということでお聞き頂いただければ幸いです。二つのことをお話したいと思います。

その前に、江田さんは、先ほど『新青年』の発行部数について、二万部と言われましたが、ふつう同誌の発行部数は最盛時で一万五〇〇〇から六〇〇〇部とされています。とくに、一九一七年に胡適が「文学改良芻議」を、ついで陳独秀が「文学革命論」を発表すると、学生たちから強い支持を獲得し、北京大学などでは発売と同時に売り切れるという状況だったといいます。当時、こうした雑誌は購読者の周囲で「回し読み」されていたようで、発行部数に数倍する読者を獲得していたに違いありません。ちなみに、北京には五・四運動が起こった一九一九年の時点で、高等教育機関が国立で一九校、私立が六校あり、学生数は一万三〇〇〇人に達していました。これが全国となると三万人を越えたようですが、この数字からすると、『新青年』は当時の知識青年の大半をその影響下に置いていたと言えそうです（藤井省三『魯迅事典』三省堂、長堀祐造『陳独秀ー反骨の志士、近代中国の先導者』山川世界史リブレット）。巴金の小説「家」（一九三三年）にも、地方都市の青年が『新青年』を愛読し、回し読みしているシーンが出てきます。

さて本題に入ります。

王凡西の毛沢東評価と永続革命論

お話したいことの第一は、毛沢東の中国革命と「永続革命」論の関係について、中国トロツキー派の代表的人物の一人、王凡西がどう考えていたのか、ということです。これは革命の段階論と関係があると思うからです。第二は、江田さんもちょっと触れられた、私たちが今年（二〇一七年）平凡社の東洋文庫から出した日本語版『陳独秀文集』第三巻に収録されている「陳独秀最後の論文と書信」から陳独秀の民主主義論について、この二点です。

まず、第一の問題からお話しますが、王凡西は一九〇七年生まれ、中共党員として革命家となり、モスクワ留学中にトロツキストに転じ、陳独秀とともに、一九三一年に中国トロツキー派組織を結成しました。一九四九年以降は、香港、マカオ、そして英国リーズで五〇年に渡る亡命生活を送り、二〇〇二年に亡くなりました。江田さんの報告にも出てくる回想録（日本語訳は東洋文庫『初期中国共産党群像』全二巻）を書いた鄭超麟と並ぶ、中国トロツキー派を代表する陳独秀の側近的人物と言えます。王凡西の『中国トロツキスト回想録』は柘植書房から一九七九年にでておりますから、ご存知の方も多いかと思います。

王凡西はトロツキストですから、一九二〇年代末からスターリン、コミンテルン、中共の路線に一貫して反対して来ました。しかし、毛沢東の中共が一九四九年最終的に人民共和国を建国し、さらに社会主義改造にまで突き進むと、鄭超麟とともにこの革命の「勝利」を認めないわけにはいかなくなります。王凡西も鄭超麟も、また、他のトロツキストも中共の路線が中国革命を勝利に導くことはないと考えていましたから、まず一九四九年の共和国建国もブルジョア階級との妥協の産物であり、結局そこまでで革命は終わりと考えていたわけです。しかし、一九五二、三年以降、農村では土地改革と集団化の方向を打ち出し、工業面でも社会主義改造を実施し始めますと、スターリン主義政党として非難してきた中共による社会主義革命の勝利を認めざるをえなくなります。トロツキストは、中共をプチブル政党と規定していましたし、四九年以後の中国は国家ブルジョワジーや集産主義的官僚階級が統治する国家であると規定していましたが、社会主義改造の時点で王凡西や鄭超麟は、こうした規定を放棄せざるをえなくなりました。

そこで、王凡西は毛沢東の革命がトロツキーの「永続革命論」の実現であると言う具合に、一八〇度見解を転換します。そして、従前の中共の階級規定もプチブルの党から労働者階級の階級的性格を保持した党という風に評価を変えました。そうしないかぎり、中共の勝利を説明できないと考えたわけです。

この辺は、一九五〇年代に書いた王凡西の文章に出典があるのですが、その文章が探せなくて、実は、昨日稲垣さんに尋ねて教えてもらいました（『毛沢東思想論稿』や『思想問題』など参照）。王凡西は毛沢東の革命を「自覚せざる永続革命論」の実例と見なしています。

もちろん、一九九〇年代、二〇〇〇年代に入って、中国の資本主義化が進む中で、中国大陸外の後継の中国トロツキストは再び見解を変えざるをえなくなったのはご想像の通りです。香港のトロツキスト二派は、中国を労働者国家とは見てはいません。永続革命論の実証とされた中共の中国革命の勝利は、ソ連と同様、残念ながら裏切られた革命となって現在に至っていると見ることができます。

ついでに申せば、毛沢東には一九六〇年代に「不断革命」、つまり中国語でトロツキーの永続革命を指す言葉を使っておりますが、これはプロレタリア文化大革命の際に言われた「継続革命」というものと似たようなものかと思います。つまり、過渡期にはブルジョワジーの反抗が続くのに対して革命の継続的必要性をといたもので、社会科学用語としてのトロツキーの「永続革命論」とは異なる次元のものでしょう。

もう一つ、ついでの話として、よくわからない点ですが、日本の共産主義運動における、一段階革命論と、二段階革命論の問題がどうも中国とどう関係しているのか。これは、二七年、三一年、三二年テーゼ、講座派と労農派の問題などと関連するはずですが、コミンテルンは中国革命の路線問題と日本の革命路線とのあいだにどのような関連を見て、方針を決めていたのかという問題です。私は、日本の共産党は基本的に二段階革命論だったと思うのですが、中国共産党は、その二段階革命論（「二回革命論」）の実行者として陳独秀を批判するというねじれが生じているのではないか、という疑問を持っていました。しかしながら、今日の江田さんのお話しによると、中共の陳独秀に対する「二回革命論」批判は、革命を二段階に構想したこと自体に向けられたのではなかったことが分かりました。お話しによると、そもそも中国共産党では、国民革命敗北後も二六年一二月のスターリンのテーゼが継続して効力を持ち、労農民主独裁の政権（ソヴィエト政権）がブルジョア民主主義革命を完成させ、次の革命段階で政権が社会主義へと移行する、という立場でしたから、中共自身がやはり二段階革命論であったことになります。しかし、それにしても当時、工業化をかなりの程度達成している日本と、半植民地国家である中国とが、コミンテルンの指導下で同じく二段階革命論になった、そこに関係性はあるのか、あるとすればどのような関係性があるのかは気になるところです。これは、日中の共産党史の研究者の中でもあまり意識されていない問題だろうと思います。今後の課題としていただけるとありがたいところです。

陳独秀の民主主義観

次に第二の問題に移りますが、陳独秀の民主主義観について、「陳独秀の最後の論文と書信」から少し補足します。これは陳独秀の遺著としてその死後、晩年の陳独秀の生活介助をした元中共党員、トロツキスト何之瑜によって刊行されたものです。一九三八年から亡くなる直前の一九四二年五月までの最晩年に書かれた論文と書信からなります。江田さんの話にありましたが、陳独秀の民主主義重視の姿勢は一九一〇年代の半ばの新文化運動の時期から、また三〇年代のトロツキスト時代を一貫していたというのはその通りだと思います。とくに、この最晩年の民主主義論は、ヒトラーが政権を握り、ソ連ではスターリン粛清が進められる中での考察であることは、その現実性を裏打ちするものと思います。空文句ではなく、実体的価値と機能を持った民主主義を、陳独秀は考えています。

特徴的な点を紹介すると、まず、「最後の論文と書信」の最初に置かれた一五条の箇条書きからなる「私の根本意見」の七、八、九条ではこう述べています。

（七）ソ連二十余年来の経験を理解し、科学的、非宗教的にボリシェヴィキ理論とその指導者たちの価値を評価しなければならない。いっさいの罪、例えばプロレタリア政権下における民主制の問題などを、スターリン個人の責任に帰してはならない。
（八）民主主義は・・多数階級の人民が少数者の特権に反抗する際の旗幟である。「プロレタリア民主主義」は空文句ではなく、その具体的な内容はブルジョワ民主主義同様、すべての公民が集会、結社、言論、出版、ストライキの自由を持つことを要求するものである。とりわけ重要なのは、反対党の自由で、これがなければ、議会、ソヴィエトともに何の価値もない。
（九）政治上の民主主義と経済上の社会主義とは相補的なものであり、相対立するものではない。民主主義は資本主義およびブルジョワジーと不可分のものではない。プロレタリ政党がブルジョワジーと資本主義とに反対することを理由に、ついには民主主義をもいっしょくたにしてこれに反対するなら、たとえ各国にいわゆる「プロレタリア革命」が起きても、官僚制の消毒素となる民主制もなくなり、ただ世界にスターリン式官僚政権の残虐、汚職、虚偽、欺瞞、腐敗、堕落が出現するだけで、けっして社会主義など創造することはできず、いわゆる「プロレタリア独裁」などは端から存在せず、党の独裁となり、その結果は指導者の独裁にならざるをえない。いかなる独裁制も残虐、汚職、虚偽、欺瞞、腐敗、堕落の官僚政治と不可分のものである。
この三ヵ条は陳独秀晩年の民主主義観、スターリン主義観を端的に表していると思います。ヒトラーとスターリンに対する強い拒否感もこの陳独秀の遺著に色濃く出ております。「誰であろうとスターリンとヒトラーを倒す人に、私は額づきその人の奴隷になりたいくらいです」ともある書簡の中で言っています。

さらに「連根（つまり王凡西）への書簡」（一九四〇年七月三一日付）では、中国トロツキー派同志を批判して、こう言っています。

〔彼らトロツキー派は〕ブルジョワ民主主義の本当の価値を理解せず（レーニン、トロツキー以下みな同じです）、民主政治をブルジョワジーの統治方式としか見なさず、偽善だ、ペテンだとしますが、民主政治の本当の内容が、裁判所以外の機関は逮捕権がなく、納税を伴わない参政権はなく、議会が承認しなければ政府に徴税権がなく、政府の反対党には結社、言論、出版の自由があり、労働者にはストライキ権があり、農民には土地耕作の権利があり、思想、宗教の自由がある、等等を理解しないことです。……いわゆる「プロレタリア民主政治」は、ブルジョワ民主主義とは実施範囲の広さが違うだけで、内容上、これとは別にプロレタリア民主主義があるわけではありません。十月革命以来、「プロレタリ民主主義」という無内容な抽象名詞を武器に、ブルジョワジーの実際的な民主主義を破壊してきたことが、今日のスターリン統治のソ連という状況を招いたのであり、イタリア、ドイツはそれに習ったのです。

本質をついた指摘で、プロレタリア民主とブルジョワ民主の相違など、実施範囲が違うだけで内容は重なるという指摘は、今の時点から考えればまったくその通りです。

さらに陳独秀は「ソ連の諸悪をすべてスターリンのせいに」すべきではなく、その根源は「ソ連独裁制の欠陥」にあるとして、民主を欠いたプロレタリア独裁制度に異を唱えました。トロツキーについても「独裁の刃が彼自身を傷つけた時になってはじめて、党・労働組合、そして各レベルのソヴィエトには民主主義が必要であり、選挙の自由が必要だと思い至ったのですが、しかしそれは遅すぎました。」と批判しています。

王凡西などトロツキスト同志からの同意を得られなかったものの、これは、中庸を得た穏健な言葉は絶対に吐きたくない、言うなら偏った言葉を是非とも言いたいものだという反骨の人、陳独秀ならでは言葉だと思います。一九一五年に上海で『青年雑誌』、のちの『新青年』を出して、当時の青年知識人のリーダーとなった陳独秀は「科学と民主」を二つのスローガンにしたわけですが、一九四二年に没する間際まで、この民主の精神を貫いたと言えると思います。

そしてこの精神は、現在の中国の抑圧的体制がいつの日か民主に向うとき、参照すべき価値を持つものと思います。そのとき、陳独秀は復活すると期待していますし、中国のみならず、独裁的、排外主義的政治勢力が跋扈する日本や世界においても陳独秀の民主思想と健全な民族自決主義には再評価すべきものがあると思います。

ということで、江田さんのお話に対する二点の付け足しをこれで終ります。

最後に今年はロシア革命一〇〇周年のみならず、陳独秀・胡適らが『新青年』誌上で展開した文学革命一〇〇周年でもあります。文学革命は中国の新しい文化、思想の基礎を形作るものでありました。そして、『新青年』に啓発された青年たちが、立ち上がった反帝国主義運動こそ、五・四運動であり、ここから陳独秀たちは中国共産党設立へと向かうわけでありります。こうした中国の動きは、隣国ロシア革命の息吹と呼応していたことを確認して、私の話は終ります。

〔付記〕二〇一八年一月、大陸の有名な魯迅研究者・朱正の編集で『王凡西選集』全三巻が香港城市大学出版社から刊行された。朱正は鄭超麟の詩詞集『玉尹残集』(湖南人民出版社、一九九九年)の編者でもある。

【ながほりゆうぞう】一九五五年生まれ。慶應義塾大学教授。中国近現代文学専攻。主著に『魯迅とトロツキー』(平凡社、二〇一一年)『世界史リブレット　人　陳独秀』(山川出版社、二〇一五年)、訳書に『陳独秀文集』一・三巻(共訳、平凡社東洋文庫、二〇一五年)、『初期中国共産党群像―トロツキスト鄭超麟回憶録』全二巻(共訳　平凡社東洋文庫二〇〇三年)、莫言著『変』(明石書店、二〇一三年)。

閉会あいさつ

国富建治（アジア連帯講座）

ごく簡単に閉会のあいさつを済ませたいと思います。

本日は参加していただき、まことにありがとうございました。私たちの世代からすると、ロシア革命五〇年、つまり一九六七年のときが強い印象に残っています。あのとき、羽田闘争での山崎博昭くんの死という事件があり、ちょうどその直後にロシア革命五〇周年を取り上げたドキュメントや革命を祝う式典のニュースなどがテレビでもいっぱい流されていました。あの頃はまだロシア革命五〇年ですから、ロシア革命そのものを闘った世代がまだ生きていたんですね。たとえば、一〇月革命の冬宮への砲撃を実際に担った水兵がソ連の革命記念式典に参加したりしていました。つまり、当時における現実政治のダイナミックな動きとロシア革命とが深く連動するような状況の中で、私たちの世代は政治活動に参加しはじめたわけですね。しかし、今の若い世代にとって、ロシア革命一〇〇年というものがどれだけの意味を持つのかというと、ほとんどの人は関心がないというのが実際のところだと思います。

今日、ここに『朝日新聞』の記事を二号分持ってきたんですが、まず一つ目は今日の朝刊です。その見出しが「世界を揺るがした社会主義、ロシア革命一〇〇年」というもので、もしかしたらわれわれのシンポジウムのパクリではないか（笑い）と思えるような見出しの特集記事が掲載されています。それから、そのちょっと前、先月の一〇月には、夕刊の約一ページぐらいを使って、ロシア革命一〇〇年を今どのように考えるのかという記事が掲載されています。そこでは、ロシア革命に否定的なコメントを出している人ばかりなんですが、連合赤軍事件の被告であった植垣康博氏もコメントを寄せています。その中で彼は、「私たちの誤りの根源はロシア革命にまで引きつけて考えなければならない」と言っています。いくらなんでも、連合赤軍の誤りの責任をロシア革命におっかぶせるなよと思ったしだいです（笑い、拍手）。

では、こういうような状況の中で、私たちがいまロシア革命一〇〇年を記念することに、どのような意味があるのかについては、みなさんにもいろいろと意見があると思います。しかし、私たちは、ロシア革命が起こったときとは違った新しい形ではありますが、世界資本主義の危機というものが非常に深く進行している中で生きており、その中で、新しいさまざまな抵抗や反撃の運動というものがつくり出されています。つまり、資本の無政府的な支配、あるいは独裁的な支配と言ってもいいと思うんですが、そういうものに対する抵抗の動きをどのように発展させ、展開していけばいいのかということが、世界各地で模索され、試みられているそういうプロセスが進行しているのだと思います。

そうした中で、本当に世界政治というものが━たとえば明日トランプが来日しますけれども━劣化しているのはたしかであり、世界経済に関してもその危機が深く進行しているのも間違いないわけです。このときに、もう一度一〇〇年前のロシア革命から、どのように民衆の抵抗がつくり出され、労働者階級の決起が起こり、どのような壁にぶつかり、どのようにそれが突破されたのかということを学ぶ必要があるし、それを踏まえて、今日の私たちがどのように新しい運動をつくり、現在の行き詰まりを突破していくのかを本当に真剣に考えていかなければならない、そういう時代に入っていると思います。

会場をざっと見渡しましても、やはり私と同じ世代の人がほとんどだという印象を受けます。しかし、こういう問題を本当に若い人たちといっしょに考え、そしてそれを実践していく、そういう作業をこれからともにやっていきたいと思います。

簡単ですがこれで私からの閉会のあいさつとさせていただきます。本日は本当にありがとうございました。

■著 者：
江田　憲治（えだ　けんじ）　——報告３
1955年生まれ。京都大学大学院教授。
中村　勝己（なかむら　かつみ）　——報告２
1963年生まれ。中央大学・群馬大学非常勤講師。
森田　成也（もりた　せいや）　——報告１
1965年生まれ。國學院大學非常勤講師。

■コメント：
湯川　順夫（ゆかわ　のぶお）　——コメント１
1943年生まれ。翻訳家。
長堀　祐造（ながほり　ゆうぞう）　——コメント２
1955年生まれ。慶応義塾大学教授。

世界史から見たロシア革命—世界を揺るがした一〇〇年間

2018年7月30日第１刷発行　定価2,300円＋税

著　　者　江田憲治・中村勝己・森田成也
装　　幀　市村繁和（i-Media）
発 行 所　柘植《つげ》書房新社
〒113-0001　東京都文京区白山1-2-10　秋田ハウス102
TEL 03（3818）9270　FAX 03（3818）9274
郵便振替00160-4-113372　http://www.tsugeshobo.com
印刷・製本　創栄図書印刷株式会社

乱丁・落丁はお取り替えいたします。　ISBN978-4-8068-0716-2　C0030